노벨문학상
모두 읽기

51명의 노벨문학상 수상 작가의 대표작을 선정해 핵심을 정리한 안내서

노벨문학상 모두 읽기

2025년 수상작 포함

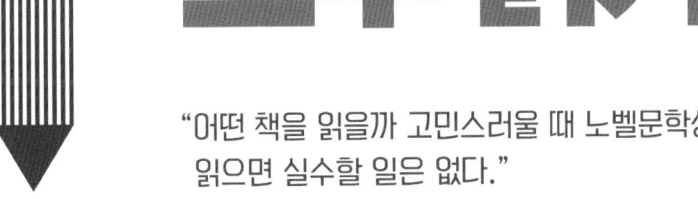

"어떤 책을 읽을까 고민스러울 때 노벨문학상을 찾아서
읽으면 실수할 일은 없다."

| 안치용 지음 |

마인드큐브

일러두기

- 본문에 들어간 책 표지는 초판본이며, 초판본 표지 확인이 어려울 때는 이후 판본의 표지를 사용했다.
- 본문에 들어간 작가 사진은 나무위키와 위키백과에 등록된 사진을 그대로 가져와 사용했다.
- 책, 정기간행물, 논문집, 보고서, 논문, 영화는 〈 〉로, 기관, 조직, 기업은 [ ]로, 협약, 법률, 규정, 지침은 「 」로 표시했다.

노벨문학상 수상작은
인간 정신에 주는 최고의 비타민

우리는 왜 문학을 읽을까요. 아니 읽어야 할까요.

어떤 사람들은 삶에 실질적인 도움이 되는 실용서적이나 사회과학 책만 고집합니다. 그나마 인문학을 보충한다고 철학서적을 읽는 것으로 충분하다고 생각하기도 합니다. 문학 읽기를 한가한 취미로 보는 사람도 볼 수 있습니다. 문학이 직접적인 삶의 지식을 주지 않고 행동의 지침을 제시하지 않는다고 생각해 생긴 오해입니다.

문학은 크게 시와 소설로 나뉘고 대체로 시는 감성을, 소설은 사건을 그린다고 볼 수 있습니다. 이런 분류법에 맞지 않는 소설과 시가 있기도 합니다만, 이렇게 이해한다고 크게 틀리지 않습니다. 세계에서 가장 권위 있는 문학상인 노벨문학상을 받는 사람은 작가이며 그중에서 다수가 소설가이고 이어 시인입니다. 희곡 등 다른 장르 작가가 받기도 합니다만 대세는 소설입니다.

소설을 뜻하는 영어 중에 '지어낸 이야기' 정도의 의미를 갖는 픽션(fiction)이 있습니다. 소설을 우습게 보는 사람 중에서는 소설의 '픽션' 성격을 거론합니다. 지어낸 가짜 이야기라서 실제 삶에 아무런 도움이 되지 않는다고 이야기합니다. 그럴까요?

'지어낸 이야기'란 뜻은 작가가 세상사에서 알맹이를 추출하고 그것을 문학의 방법론으로 끌어모으고 재구성하여, 세상사의 지혜를 압축한 그 결과물을 문학의 내용과 형식으로 보여준다는 의미로 이해되어야 합니다. 산만하고 과하게 넘쳐나는 세상사를 작가의 능력으로 고갱이만 뽑아내어 먹기 좋게 만든 고농축 비타민이 문학입니다. 비타민으로서 기능은 시와 소설에서 모두 발견됩니다. 비유로서 실용적 지식과 학교 공부가 탄수화물, 지방, 단백질에 해당한다면 문학은 비타민이라고 할 수 있습니다.

흡수율이 높고 성분이 좋은 비타민을 먹어야 하듯 문학도 좋은 문학을 읽어야 인체의 비타민처럼 정신의 비타민이 될 수 있습니다. 좋은 문학을 판정하는 기준이 여기저기 많이 나와 있어 마음에 드는 것을 참고하면 됩니다. 노벨문학상 수상작은 그중 세계에서 가장 보편적으로 통용되는 '좋은 문학의 기준'입니다. 노벨문학상 수상작을 읽으면 균형과 통찰력을 갖춘 정신과 영혼을 형성할 수 있습니다.

이 책은 여러분이 노벨문학상 수상 작품을 읽을 때 독서와 이해에 참고할 만한 내용으로 채웠습니다. 국내에 널리 소개된 50명의 노벨문학상 수상 작가의 대표작을 선정해 핵심을 정리한 안내서입니다. 2025년 수상자와 그의 작품까지 기민하게 포함해 모두 51명입니다. 사실상 주요 노벨문학상 수상 작가를 거의 다 루었습니다. 이 책 수록 작가를 선정할 때 소설을 중심으로 했습니다.

모쪼록 이 책을 통해 여러분이 노벨문학상을 받은 작품과 친구가 되기를 기원합니다. 이 독서를 계기로 노벨문학상 수상작을 직접 읽게 되기를 희망합니다. 어렵다고 생각하지 말고 대뜸 도전해 보시기를 권합니다. 이 책을 읽다가 흥미가 생긴 작품을 발견하면, 무작정 처음에서 끝까지 읽어보는 것도 좋겠습니다.

여러분의 정신과 영혼의 성장을 기원합니다.

2025년 10월 안치용

노벨문학상 수상 작가의 작품을 읽으면 세계문학의 정수를 누릴 수 있다

노벨문학상은 부커상 콩쿠르상 퓰리처상 등과 함께 세계의 주요 문학상으로 단연 다른 문학상을 압도하는 최고 권위를 자랑한다. 노벨문학상이, 폭약 제조로 큰 벌었고 사망하며 자신 가문의 이름을 딴 상을 만들라고 한 알프레드 베른하르드 노벨(1833~1896년)에서 비롯했다는 얘기는 널리 알려져 있다. 노벨문학상은 노벨상의 한 부문이다.

'죽음의 상인'이 남긴 인류의 유산

노벨은 스웨덴 스톡홀름에서 출생해서 이탈리아 산레모에서 63세에 숨졌다. 어린 시절부터 폭약에 관심이 많아서, 깡통에 화약을 채워 넣고 터트려 마을을 뒤집은 일화가 있다. 노벨이 유별난 탓이기도 하지만 가문의 영향이 크다.

아들보다는 덜 유명하지만, 아버지인 임마누엘 노벨 또한 발명가로서 크림 전쟁 때 사용된 기뢰와 지뢰를 동갑 친구 모리츠 폰 야코비와 함께 개발했다. 러시아 군에 납품했으나 러시아가 전쟁에 지는 바람에 대금을 주지 않았고, 승전한 영국 등에서 찍혀 노벨 가문의 무기공장이 파산했다. 노벨과 두 형은 파산 후에도 아버지의 무기공장에서 계속 일했고, 특별히 달라진 게 없는 환경에서 필요한 연구를 했다. 공장을 인수한 채권자들이 생산품과 생산공정에 관해 전문가인 노벨 형제에게 의지할 수밖에 없었기 때문이다.

노벨은 안전한 폭약을 만드는 연구를 한 끝에 1866년 다이너마이트를 발명했다. 폭발력이 뛰어난 데다 폭발 강도를 조절하기 쉬운 다이너마이트는 안전하고 취급하기에 편리해 광산업에 활용되고 점차 사용처를 넓혔다. 다이너마이트가 처음 본격적으로 쓰인 곳은 프로이센-프랑스 전쟁(1870~1871년 · 보불전쟁이라고도 한다)으로 알려져 있다. 프랑스군의 인명 피해가 컸고 프랑스가 패전한 이 전쟁으로 유럽 역사가 크게 바뀐다. 노벨이 이 전쟁에 다이너마이트를 대고 돈을 많이 번 것으로 알려져 있으나, 실제 전쟁에 납품한 것은 발리스타이트였다. 노벨에게 실제로 많은 돈을 가져다준 것은 군사용인 발리스타이트보다 산업용인 다이너마이트였다. 두 가지 모두 니트로글리세린을 활용했다는 공통점이 있기는 하나 다른 종류의 폭발물이다.

노벨 사후 친척들이 그의 유언을 무시하고 재산을 서로 차지하려 소송을 벌였으나, 결론은 매년 세계인이 노벨상 발표를 지켜보는 쪽으로 났다. 그가 노벨상을 만든 이유로는 자신이 만든 다이너마이트가 군사적으로 사용돼 인류를 살상한 데에 회의감을 느껴 인류에 다른 방식으로 공헌하기 위해서였다는 게 정설이지만, 자신의 형 루드비그 노벨이 죽었을 때 알프레드 노벨이 죽었다고 오보를 낸 신문이 노벨을 '죽음의 상인'이라고 호칭한 것에 충격을 받아서였다는 설도 널리 유포되었다. 뒤의 이야기는 풍문으로 보이지만, 핵심만 놓고 볼 때 크게 틀린 얘기는 아닌 셈이다.

노벨의 사랑과 제5회 노벨평화상 수상자

노벨은 술과 담배는 물론이고 사교 모임을 멀리해 그 시대에 가장 소박하고 고독한 갑부로 통했다. 그의 사생활에 관해선 특별한 이야깃거리가 없으며 실제로 평생 독신으로 지냈다. 젊어서 좋아한 여성이 있었으나 아버지의 반대로 헤어졌고, 프랑스에서 사랑에 빠졌으나 그 여자가 숨지는 바람에 사랑을 이루지 못했다.

1년에 수백 통의 편지를 보내며 구애한 여자는 노벨의 사랑을 받아들이지 않다가 노벨이 죽고 그가 노벨상으로 유명해지자 그 편지를 팔아 돈을 벌었고, 노벨의 아내로 막대한 재산을 상속할 자격이 있다고 거짓말하다가 웃음거리가 됐다고 한다.

베르타 킨스키(1843~1914년)라는 이름의 오스트리아 귀족 출신 여인이 노벨의 비서로 잠시 일한 적이 있고 노벨이 그녀에게 좋은 감정을 품었으나 연인 관계로는 발전하지 못했다. 나중에 베르타 폰 주트너 남작 부인이 된 그녀와 노벨은 재회한다. 그녀는 『무기를 내려 놓아라』는 반전 소설을 쓰는 등 문학적인 입지를 탄탄히 하며 반전과 평화운동에 헌신해 1905년 제5회 노벨평화상 수상자가 됐다. 노벨문학상을 받지는 못했다. 살아 있는 노벨을 직접 만난 유일한 노벨상 수상자로, 노벨이 노벨평화상을 만드는 데에 이 남작 부인이 영향을 미쳤을 것으로 보는 분석이 있다.

노벨상

"(유산에서 발생한) 이자는 다섯 등분하여 물리학 분야에서 가장 중요한 발견이나 발명을 한 사람, 화학 분야에서 중요한 발견이나 개발을 한 사람, 생리학 또는 의학 분야에서 가장 중요한 발견을 한 사람, 문학 분야에서 이상주의적인 가장 뛰어난 작품을 쓴 사람, 국가간의 우호와 군대의 폐지 또는 삭감과 평화 회의의 개최 혹은 추진을 위해 가장 헌신한 사람에게 준다."

— 알프레드 노벨의 유언 중에서

유산의 94%를 기부해 노벨상을 설립하라는 노벨의 유언에 따라 만들어진 노벨상은 물리학, 화학, 생리학 또는 의학, 문학, 평화의 5개 부문으로 출발했다. 그러다가 1968년 경제학상이 추가돼 모두 6개 부문에 걸쳐 상을 준다. 모든 부문이 세계에서 가장 권위 있는 상이라고 보아 무방하다. 노벨경제학상은 노벨의 유언과 무관하게 따로 생긴 상이다. 스웨덴 중앙은행이 설립 300주년을 기념해 제정한 상으로서, 정식 명칭은 '알프레드 노벨을 기념하는 경제학 분야의 스웨덴 중앙은행상'이다.

사실 노벨경제학상은 엄격히 말해 노벨상이 아닌 노벨 기념상이다. 하지만 물리학상, 화학상 수상자를 선정하는 스웨덴 왕립 아카데미에서 경제학상 수상자를 함께 선정하고 시상식에 다른 분야 수상자들과 함께 참석하며 상금 또한 동일하다. 따라서 노벨상엔 일반적으로 경제학상이 포함되는 것으로 이해한다. 인류에 공헌한 사람에게 상을 주라는 노벨의 취지에 크게 어긋난다며 노벨경제학상을 노벨싱에서 제외할 것을 요구하는 의견도 있다. 경제학상 수상자들이 인류 평화보다는 자본주의 발전에 기여해 결과적으로 평화를 훼손한다고 보는 관점이다.

선정기관이 스웨덴 왕립과학아카데미(물리학, 화학, 경제학), 스웨덴 아카데미(문학), 카롤린스카 의학연구소(생리학·의학), 노르웨이 노벨위원회(평화) 등으로 분산돼 있다. 평화상을 노르웨이에서 선정하는 까닭은 노벨상 제정 당시 스웨덴과 노르웨이가 한 나라였기 때문이다.

노벨은 유언장에서 국적에 상관없이 이 상을 줄 것을 당부했는데, 이 당부로 노벨상이 세계적인 권위를 확보했지만, 당시 스웨덴 여론은 좋지 않았다. 특히 평화상 수상을 당시 스웨덴 지배하에 있던 노르웨이에 맡긴 것 또한 노벨상에 대한 나쁜 감정을 부채질했다. 노르웨이가 곧 독립한 것에서 알 수 있듯이, 스웨덴에게 노르웨이는 언제든 남이 될 수 있는 사이였다. 유언 집행인 랑나르 솔만(1870~1948년)의 단호한 의지로 노벨의 재산이 보전되며 그의 유지대로 노벨상이 제정되었다. 생각보다 많은 우여곡절 끝에 스웨덴을 대표하는 상이 많은 스웨덴인의 반대 속에 탄생해 세계인의 자산이 되었다.

이처럼 노벨상은 국적을 불문하고 가장 적합한 사람에게 수상한다. 한 상에 1~3명의 수상자를 정할 수 있고, 예외적으로 평화상은 단체도 받을 수 있다. 살아 있는 사람만이 수상할 수 있어 노벨문학상을 받았을 법한 작가 중에 살아 있지 않아 받지 못한 사례를 볼 수 있다. 2001년 57세로 숨진 현대 독일문학의 중요한 작가 W.G. 제발트 같은 이가 대표적이다. 사후 수상한 예외적인 사례가 없지는 않은데, 1961년 콩고 내전을 중재하러 가던 도중에 북로디지아(현재 잠비아)에서 비행기 사고로 사망한 제2대 유엔 사무총장 다그 함마르셸드가 사망자임에도 같은 해에 노벨평화상을 받았다. 심사가 끝나고 수상자가 결정된 이후 사망하였을 때도 그대로 시상한다. 1년 이내에 상을 받지 않으면 상을 거절한 것으로 간주하며 수상자는 6개월 이내에 수락 강연을 해야 한다. 수락 강연을 하지 않으면 상금이 수여되지 않는다. 노벨상 시상식은 노벨 기일인 매년 12월 10일에 열린다. 2012년부터는 수상자를 사진이 아니라 초상화를 그려서 발표하고 있다.

노벨문학상

세계평화와 인류 공동의 유산을 기리자는 취지에 따라 노벨상에서는 국적을 보지 않고 따라서 공식적인 국가별 집계가 없지만, 수상자의 출생지는 표시한다. 당연히 출생지가 곧 국적은 아니다. 특히 제국주의와 세계화로 국적과 출생지의 불일치가 커졌다. 수상자 본인이 생각하는 자신의 국적과 외부에서 분류하는 국적이 다를 수도 있다. 노벨문학상에서도 작가가 어떤 언어로 작품 활동을 했는지와 무관하게 대체로 어느 나라 사람인지는 확인된다.

이에 따라 매체 등에서 국적별 수상자 수를 비공식적으로 집계하기도 한다. 어쩔 수 없이 국력이 강한 나라에서 많은 수상자를 배출하며 노벨문학상도 영어 프랑스어 독일어 등 주요 언어권의 비중이 크다.

노벨문학상은 소설가나 시인이 받지만, 2대 수상자인 테오도어 몸젠은 역사학자였고 이후 앙리 베르그송과 버트런드 러셀 같은 철학자, 윈스턴 처칠 같은 정치가가 수상한 적이 있다. 2015년 벨라루스의 논픽션 작가 스베틀라나 알렉시예비치, 2016년에는 미국의 음악가 밥 딜런이 수상하여 수상자의 범위를 크게 넓혔다. 대체로 문학상이지만 이처럼 비문학 작가나 아예 음악인에게도 수상한 사례가 있어, 포괄적 문학상으로 이해하면 된다. 유럽에서 시작된 상이이어서 작가 중에 유럽권이 많다. 주요 언어가 아닌 스웨덴어로 작품 활동한 작가가 7명이나 되는 것은 홈그라운드의 이점으로 보인다. 비유럽과 사용인구가 많지 않은 언어로 작품 활동한 작가가 수상자가 되기는 여전히 어렵다. 예를 들어 2021년 수상자인 압둘라자크 구르나는 아프리카 이슬람 문학으로 불리지만 작품은 영어로 썼다. 스웨덴 한림원에서도 이 문제를 의식해 종신 서기 페테르 엥룬드가 2009년에 "유럽 전통에서 쓰인 문학이 더 쉽게 거론되는 경향이 있는데 이것은 문제"라며 "심사위원단이 이 문제를 인식하고 너무 유럽에 편중되지 않도록 노력하는 것이 중요하다."라고 말했다.

사용인구가 많지 않은 언어로 된 작품 중에서도 번역이 산문보다 훨씬 어려운 운문 쪽에서 인도유럽어족 외 수상자가 나오기는 힘들어 보인다. 서사를 전하는 것과 서정을 전하는 것 사이에 큰 차이가 있기 때문이다.

흔히 노벨문학상이 발표되면 어떤 작품이 받았냐고 묻는 사람이 있는데, 노벨문학상에 관한 대표적인 오해다. 노벨문학상은 특정 작품에 수여하지 않는다. 따라서 한 작가가 노벨문학상을 받으면 그 작가의 모든 작품이 노벨문학상 수상작이 되는 셈이다. 다만 수상에 결정적인 계기가 된 작품이 무엇인지에 관해서는 거의 합의가 이루어지는 편이다.

20세기 최고 작가 중에서 노벨문학상을 받지 못한 사례가 있다. 조지프 콘래드, 헨리 제임스, 레프 톨스토이, 마르셀 프루스트, 제임스 조이스 등이 응당 노벨문학상을 받았어야 할 작가로 꼽힌다.

대한민국 작가로는 2024년에 한강이 한국인 최초이자 아시아 여성 최초의 노벨문학상 수상자가 되었다. 한국인의 노벨상 수상으로는 2000년 평화상을 탄 고 김대중 전 대통령에 이어 한강이 두 번째다. 여성으로는 공동 수상자를 포함해 역대 121명 가운데 18번째다.

노벨위원회는 "역사적 트라우마에 맞서고 인간의 삶의 연약함을 드러낸 강렬한 시적 산문"이라고 한강의 노벨문학상 선정 이유를 밝혔다. 노벨위원회는 "한강은 자신의 작품에서 역사적 트라우마와 보이지 않는 지배에 정면으로 맞서며 인간 삶의 연약함을 드러낸다. 그는 육체와 영혼, 산 자와 죽은자 간의 연결에 관해 독특한 인식을 지니며, 시적이고 실험적인 문체로 현대 산문의 혁신가가 됐다."라고 평가했다.

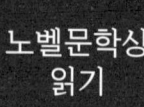
최고의 독서법은 무엇보다
자신을 믿고 무턱대고 읽는 것

오랫동안 대학생 및 사회인 독서지도를 했고, 노벨문학상 수상작에 특화해 독서
모임을 진행한 지도 10년 가까이 된다. 자주 받는 질문 중에 "문학을 어떻게 읽
으면 좋으냐"가 있다. 특별히 노벨문학상 수상작을 꼭 집어 물어보기도 한다.

일단 노벨문학상 수상작 읽기와 문학 읽기가 크게 다르지 않다는 얘기부터 해야
겠다. 노벨문학상 수상작 또한 문학 작품이기에, 문학 독서의 보편적인 방법론
과 다르지 않다. 서문에 밝혔듯, 노벨문학상을 받은 작품은 세계적으로 공인된
'좋은' 문학일 따름이다. 노벨문학상을 받지 않은 작품 중에도 '좋은' 문학이 있
지만, 노벨문학상 수상작은 거의 예외 없이 좋은 작품이기에 선별의 수고 없이
안심하고 읽으면 된다.

서문에서 노벨문학상 수상작 같은 책을 좋은 비타민이라고 했는데, 그렇다면 정
신에 독이 되는 나쁜 약 같은 책도 있다는 얘기다. 문학 중에 어떤 책을 읽을까

고민스럽다면 노벨문학상을 찾아서 읽으면 실수할 일은 없다. 4차혁명 시대에도 독서는 정신을 살찌우는 데 유효한 방법이지만, "좋은 책을 읽는다면"이라는 독서의 당연한 전제는 그래도 확인하고 넘어가자.

노벨문학상 중에서 고른다면 시보다는 소설이나 희곡을 선택하는 게 좋다. 시는 더 강력하게 농축한 비타민이지만, 모국어로 읽지 않을 때는 이해와 감동에 닿기가 소설보다 더 어렵다.

작품을 고를 때는 개인의 영역이기에 취향을 따르면 된다. 손에 잡히는 것, 또는 마음에 가는 작품을 고르는 게 최선이다. 그래도 고민된다면 노벨문학상을 받은 작가 중에서 많이 읽히는 작가에서 시작하는 것이 한 방법이다. 작가를 기준으로 할 때는 대표작으로 꼽히는 걸 선택하고 마음에 들면 다른 작품으로 확대하는 방식을 조언한다. 드물게 순서대로 읽어야 편리한 책들이 있는데, 예를 들어 2002년 수상자 헝가리의 임레 케르테스의 작품은 〈운명〉부터 읽어야 한다. 서너 권의 책이 연대기처럼 연결되기 때문이다.

작품을 제대로 이해하기 위해 사전에 작가의 삶과 시대 배경을 조사하라는 조언은 무시해도 된다. 개인적으로는 대뜸 읽어나가라고 권유한다. 가브리엘 가르시아 마르케스의 작품을 이해하는 데에 마술적 사실주의와 라틴 아메리카의 역사를 꼭 알아야 할 필요는 없다. 좋은 문학은, 그 자체로 독자에게 감동을 준다. 물론 독자의 수준에 따라 이해 수준이 달라진다. 한데 그 이해 수준이야말로 정말 그때 그 독자에게 필요한 정신의 영양분이다. 문학은 고형물이 아니다. 자신에게 필요한 것을 정신이 독서 과정에서 알아서 출출해 낸다. 군이 사전에 무엇이라도 조사하고 싶다면 이 책이 제시한 수준의 기초적이고 필수적인 내용만 보면 된다. 그러나 가능하면 사전 정보 없이 책을 읽는 게 좋다.

책을 다 읽은 다음에 만족스러우면 그대로 덮으면 그만이고, 혹시 자신이 미처 생각하지 못한 작가의 전언이 있는 게 아닌지 궁금하다면 그때 해설과 주변 정보를 참고하면 된다. 다만 책 끝에 붙어 있는 역자 등의 해설 중에 더러 잘못된 내용이 있기에 맹신은 금물이다.

여러 번 읽으라는 얘기도 많이 한다. 독서모임이 끝나고 "다시 한번 읽어 보겠다."는 말을 하는 사람을 많이 보는데, 실제로 다시 읽는 사람은 드물다. 한번 읽을 때 충실하게 읽자. 처음 읽을 때 줄거리와 흐름을 파악하고, 두 번째, 세 번째 읽기에서는 세부적인 내용과 작가의 표현 기법에 주목하며 등장인물의 심리 변화, 상징과 은유, 모티프, 구조적 특성을 살펴보라는 류의 조언은 무시해라. 보려고 해도 안 보인다. 아는 만큼 보인다. 마음이 끌리는 책을 집어서는 가능한 한 정독(혹은 정독하기 힘들면 대충이라도)으로 끝까지 읽고 책에 붙은 해제로 마무리하는 정도로 족하다.

그러므로 재삼 상조하거니와 책을 읽기 위한 사전조사보다는 책 자체에 집중하는 게 훨씬 중요하다. 또한 책에 집중할 때는 배경지식과 문학적 기법보다는 독자 마음의 흐름을 책의 흐름과 일치시키는 게 더 긴요하다.

사전조사보다 더 중요한 것은, 노벨문학상 수상작이 한강을 빼고는 외국어로 돼 있기에 어떤 출판사의 책이 번역이 더 잘 됐는지에 관한 세간의 평을 참조하는 게 바람직하다. 유명 출판사의 전공 교수 번역인데 번역이 좋지 않은 사례가 없지는 않으므로 어떤 번역본을 고를지 신경 써야 한다. 번역본이 여러 개라면 대체로 최근 출간일수록 번역이 더 정확하고 내용이 충실할 확률이 높다.

읽을 때는 책에다 밑줄을 치고 메모하는 습관을 들이는 게 좋다. 나중에 중고로 팔아 좋은 값을 받을 수 읽게 읽었다면 잘 읽은 게 아니다. 책을 읽고 나서 독서노트에다 자신의 감상을 기록한다면 더 좋다. 관련 정보를 조사하는 것과 감상문을 적는 것 중에 하나를 선택해야 한다면 독서감상을 기록하는 것을 추천한다.

독서토론은? 좋지만 독서 자체보다는 못하다. 독서모임을 하되 책을 제대로 안 읽고 하는 것은 추천하지 않는다. 만일 책을 충실하게 읽고 독서모임을 한다면 구성원 중에 멘토가 있는 모임을 택하는 게 좋다. 도토리 키 재는 게 무조건 무익하다고 단정할 수 없지만, 정신의 성장에는 자신보다 더 넓고 깊게 보는 사람의 조언을 받는 게 더 유익할 가능성이 크다. 특히 노벨문학상 수상작처럼 욱여넣은 내용과 숨겨진 맥락이 많이 존재할 때는 멘토의 역할이 크다.

결론적으로 최고의 독서법은 무엇보다 자신을 믿고 무턱대고 읽는 것에서 시작해야 한다. 자신의 정신과 영혼이 필요로 하는 것을 스스로 결정하게 하라.

차례

2025년 수상작

사탄탱고

1부. 아시아

01 소년이 온다

02 내 이름은 빨강

03 나를 보내지 마

04 설국

05 개구리

3부. 프랑스

4부. 독일

5부. 유럽

6부. 라틴아메리카, 아프리카, 호주

2025년

수상작

사탄탱고

라슬로 크라스나호르카이(1954년~, 헝가리 · 2025년 수상)

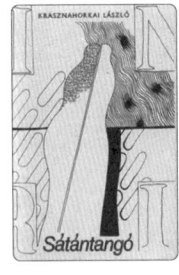

카프카와 멜빌을 잇는 세계문학의 파괴적 혁신가

국내에도 적잖은 독자층을 형성한 헝가리 문학의 거장 라슬로 크라스나호르카이는 종종 '종말론의 작가'로 운위되는데, 2025년 노벨문학상을 수상할 때도 "종말론적인 공포 속에서 예술의 힘을 재확인하는 강렬하고 선견지명 있는 작품 세계(for his compelling and visionary oeuvre that, in the midst of apocalyptic terror, reaffirms the power of art)"를 구현했다는 평가를 받았다. 게오르크 루카치(헝가리어 이름은 루카치 죄르지, Lukács György)가 살아 있다면, 그가 표도르 미하일로비치 도스토옙스키에게 한 평가를 크라스나호르카이에게로 옮겼을지도 모르겠다.

성을 먼저 쓰는 헝가리에서는 작가를 크라스나호르카이 라슬로로 부르지만 2002년 노벨문학상 수상작가인 같은 헝가리인 케르테스 임레를 임레 케르테스라고 표기하듯, 또 루카치처럼 헝가리 밖에서는 흔히 라슬로 크라스나호르카이로 부른다. 크라스나호르카이는 1954년 루마니아 국경 근처인 헝가리 남동쪽의 작은 마을 줄러에서 출생했다. 유대계 혈통. 대학에서 법학과 헝가리 문학을 전공했으며 출판사에서 편집자로 일했다. 1985년 데뷔작인 〈사탄탱고〉가 크게 성공하며 헝가리뿐 아니라 세계문학의 최전선에 돌입하였다. 그러나 헝가리 공산당 정권과는 문학의 성격상 긴장을 유지할 수밖에 없었다. 1987년 첫 방문 이후 서독(독일)에 자주 머물렀으며, 냉전 종식 이후에도 방랑을 이어갔다. 아시아에서도 긴 시간을 보내며 사유의 지평을 넓혔다. 몽골, 중국, 일본, 스페인, 미국 등 세계 여러 나라에서 살면서 작품활동을 이어가는 그에게 문학은 체제와 권력, 민족주의 등 집단정체성을 거부할 수 있는 피난처이자 저항의 장이었다.

영화감독 벨라 타르와 공동 작업으로 유명하며 상영시간이 무려 439분에 달하는 영화 〈사탄탱고〉도 영화사에 중요한 작품으로 남았다. 2015년에 헝가리인 최초로 맨부커상 국제 부문을 수상했다.

크라스나호르카이는 프란츠 카프카에서 토마스 베른하르트에 이르는 중부 유럽 문학의 위대한 서사 작가의 맥을 잇는다. 종말론의 대가로서 부조리와 기괴한 과잉이 특징적인 그의 작품에서 인간이 희망의 주체가 아닌 것이 당연해 보인다. 인간을 파괴와 허무의 기제로 그리기에 "세상에 경이로운 것들이 많으나, 인간보다 더 경이로운 것은 없다(πολλὰ τὰ δεινὰ κοὐδὲν ἀνθρώπου δεινότερον πέλει)."라고 소포클레스가 〈안티고네〉에서 한 말은 불가피하게 뒤집어진다. 그에게 인간은 세계의 경이보다는 괴물에 가깝다.

크라스나호르카이의 종말론은 쉬운 절망이나 그럴듯한 허무를 지향하지 않는다. 인물의 내면과 주체의 근원을 파고드는 서양 소설의 집요한 전통을 거슬러 인간 중심주의 서사를 넘어서려고 한다. 작가는 그렇게 혼돈을 표명하는 듯하지만 그 속에서 독자에게 낯선 리듬을 전하면서 새로운 문학적 경험을 제공한다. 묵시라는 것도 결국은 보여주어야 하는 것이기 때문이다.

그의 혈통과 세계를 떠도는 삶이 시사하듯 크라스나호르카이 작품을 헝가리 문학이란 틀로 가두기는 힘들다. '마자르 정신'이나 헝가리의 대평원 푸스타의 향수와 같은 민족적 정체성을 그의 문학에서 찾을 수는 없다. 그의 문학의 뿌리는 카프카, 고골, 베케트, 멜빌 등으로 이어지는 세계문학의 계보 안에 놓인다. 허먼 멜빌과 친연성을 두드러지게 주목하는 평자가 있는데, 수전 손택이 대표적이다. 작가 자신이 "카프카가 아니었다면 나는 소설을 쓸 수 없었을 것"이라고 표명하였듯, 독자는 더 직접적으로는 크라스나호르카이 작품에서 카프카를 느끼게 될 가능성이 크다. 카프카가 동유럽의 울타리를 넘어선 세계문학의 젖줄이 되었듯 그는 세계문학의 자산이 되었고, 제임스 조이스처럼 문학적 세계주의자로 자신의 지경을 넓혀가고 있다.

세계주의자로서 그의 작품은 인간에 대한 불신과 종말론 세계관으로 가득하지만, 본래 종말론적 묵시가 종말과 함께 구원을 말한다는 측면에서 구원과 희망까지는 아니어도 종말 외의 다른 징후 또한 포함한다. 언어와 형식, 예술적 실험을 통한 작업은 아직 세계의 진실이 포착되지 않았다는 선지자적 각성과 그 진실을 전하겠다는 사명감과 관련된다고 볼 수 있다. 세계에 종말의 기운이 만연해 나날이 불안이 높아가는 시대에 크라스나호르카이의 문학은 그 어둠 속에서, 여전히 비밀에 가려진 구원의 문을 찾으려는 시도로 이해할 수 있다. 문학은 그러한 시도만으로도 위태롭지만 아름다움의 흔적을 남기게 된다.

'종말의 대가'

〈사탄탱고〉〈저항의 멜랑콜리〉〈벵크하임 남작의 귀향〉 등 크라스나호르카이의 주요 작품이 도서출판 알마에 의해 번역돼 있다. 〈사탄탱고〉가 가장 유명하지만 〈저항의 멜랑콜리〉는 미국의 저명한 비평가 수전 손택에게 극찬을 받으며 유명세를 탔다. 그녀는 크라스나호르카이의 두 번째 책 〈저항의 멜랑콜리〉(Az ellenállás melankóliája)〉(1989년)를 읽은 후에 그를 현대 문학의 '종말의 대가'로 추앙하게 된다.

〈저항의 멜랑콜리〉에서 소설 시작과 함께 독자는 아찔한 비상사태에 진입하고 있음을 발견하게 된다. 불길한 징조가 넘쳐난다. 카르파티아 계곡에 자리 잡은 작은 헝가리 마을을 배경으로 펼쳐지는 섬뜩한 공포 판타지 속에서 드라마는 계속 모종의 정점으로 치닫는다. 이 흐름에서 유령 같은 서커스단이 도착하며 결정적인 전환을 만든다. 주요 볼거리는 거대한 고래의 사체이다. 이 신비하고 위협적인 구경거리는 극단적인 힘을 가동해 폭력과 기물 파손의 확산을 촉발한다. 무능한 군대가 무정부 상태를 막지 못하면서 쿠데타의 가능성이 생긴다. 꿈같은 장면과 그로테스크한 인물 묘사를 활용하여, 크라스나호르카이는 질서와 무질서 사이의 잔혹한 투쟁을 능숙하게 묘사한다. 그 누구도 공포의 영향에서 벗어날 수 없다.

작품: 사탄탱고

크라스나호르카이 출생지와 유사한 외딴 시골 지역이 크라스나호르카이의 첫 소설, 1985년에 출간된 〈사탄탱고(Sátántangó)〉의 배경이다. 이 소설은 헝가리에서 문학적 센세이션을 일으켰고 작가의 출세작이 되었다. 공산주의 붕괴 직전의 헝가리 시골에 있는 버려진 집단농장 주민들을 그린다. 모두가 희망을 잃고 무기력에 잦아들 즈음에 죽었다고 믿었던 카리스마 넘치는 인물 이리미아스(Irimiás)와 그의 친구 페트리나(Petrina)가 갑자기 마을에 나타난다. 소설 속 모든 사람들이 기다리는 기적을 실현할 인물이다. 기다림 끝에 기적의 희망은 실현될까.

책의 제사는 "그러면 차라리 기다리면서 만나지 못하렵니다."이고 밑에 "F.K."라고 적혀 있다. "F.K."는 프란츠 카프카를 말하며 카프카의 소설 〈성〉에 나오는 문장이다. 제사에 비추어 그들의 희망은 그다지 희망적이지 않은 듯하다.

어느 시월의 아침

"어느 시월의 아침 끝없이 내릴 가을비의 첫 방울이 마을 서쪽의 갈라지고 소금기 먹은 땅으로 떨어질 즈음(이제 첫서리가 내릴 때까지는 온통 악취 나는 진흙 바다가 펼쳐져 들길로 다니기도 도시로 가기도 어려울 터이다), 후터키는 종소리에 잠에서 깨어났다."

종소리를 듣고 잠에서 깬 후터키는 마을 남자들이 누구나 껄떡거리는 슈미트 부인과 밤을 보내고 침대에 나른하게 누워 있던 참이다. 그녀의 남편 슈미트가 마을 사람들이 함께 일해서 번 8개월 치의 품삯을 받아서 주민 크라네르와 함께 돌아오고 있다. 들키기 전에 현장을 모면한 후터키는 슈미트와 크라네르가 그 돈을 가로채 마을을 떠날 계획임을 알아내고 자신의 몫을 요구한다. 이제 그들은 돈을 삼등분해 날이 저물면 이 저주받은 마을을 떠날 생각이다.

여기까지 읽으면 도입부의 함축적인 문장에도 불구하고 소설은 사실주의 작품처럼 보인다. 희망부재를 기본으로 깔고 치정과 배신이 한바탕 펼쳐질 줄 알았더니 소설은 좁은 차선에서 속도를 줄이지 않고 유턴한다.

슈미트 부부와 후터키가 있는 집으로 크라네르 부인이 와 소식을 전한다. 그녀는 흥분해서 1년 반이나 죽은 것으로 알려진 이리미아시와 페트리너가 마을로 귀향하는 것을 목격한 사람이 있다고 말한다. 야반도주 계획은 중단되고 이들은 이리미아시를 영접할 생각에 마음이 들뜬다. 후터키가 보기에 이리미아시는 "마음만 먹으민 소똥으로도 성을 지을 수 있는 위대한 마법사"이다. 과거에 마을을 구해낸 적이 있는 그가 돌아온다면 마을이 다시 소생할 것이란 희망이 사람들 사이로 퍼진다.

사람들은 술집에 모여 이리미아시를 기다린다. '소식' '부활' '천국' 등의 단어가 소제목에 사용되고 내용도 살짝만 바꾸면 성서적인 풍경과 닮았기에 소설은 바야흐로 알레고리 성격으로 전환한다. 뒤에 가서 더 뚜렷해지지만, 카프카적 분위기 또한 스멀거리기 시작한다.

제목인 '사탄탱고'는 술집에서 '메시아'를 기다리며 마을 사람들이 추는 춤과 연결된다. 기괴한 음주가무 장면은 종말론의 풍경이라기보다 우스꽝스럽고 암담한 포스트모더니즘이다. '사탄탱고'는 사탄이 추는 춤이자, 사탄을 위해 추는 춤이다. 혹은 사탄 같은 춤일 수도 있겠다. 작품 전체를 지시하는 단어이자 소설 중간쯤의 이 그로테스크한 춤판을 가리킨다. 술집 장면은 세계의 비참이자, 헝가리의 사회상이며 실존적 위기를 두루 포괄한다. 작가의 유대성에 기대면 메시아를 기다리는 희망을 가장한 비참한 세속성을 은유한다고 볼 수도 있겠다.

사탄과 관련한 상징적 장치는 거미줄이다. 술집은 거미줄투성이며 술집 주인이 슈미트 부인에게 품는 욕정을 통해서 슈미트 부인의 남성편력이 밝혀진다. 정작 슈미트 부인은 이런저런 남자와 몸을 섞지만, 진정으로 사랑한 남자는 이리미아시뿐이다. 이리미아시의 귀향을 기다리는 그녀의 모습은, 신약성서의 한 장면인 양 종교적이기까지 하다. 광신자인 헐리치 부인은 남편에게 계시록을 읽으라고 윽박지르고 난장판 사이에 호르고시 부인이 사라진 어린 딸 에슈티케를 찾아 술집에 나타나지만 아무도 그녀와 그녀의 딸에 신경 쓰지 않는다.

마음 사람들이 술에 절어 탱고를 추며 밤을 지새우는 모습을 보고는 헐리치 부인은 왜 심판의 순간이 늦어지는지를 의아해하고 한탄한다. 날이 밝아 창밖이 환해질 무렵에 춤판과 술판은 그치고 사람들은 지쳐서 깊은 잠에 빠진다. 술집에 도착한 이리미아시와 페트리너는 눈앞의 광경을 놀란 눈으로 바라보다. 여기까지가 1부이고 이제 이리미아시의 연설과 함께 2부가 시작한다.

버림받은 소녀 에슈티케의 자살과 승천

등장인물이 모두 특이하지만 소녀 에슈티케는 더 특이하다. 아버지는 자살했고, 언니들은 방앗간에서 몸을 팔며, 오빠는 악당을 꿈꾸면서 심심하면 소녀를 학대한다. 술로 소일하는 어머니를 비롯, 가족은 소녀를 방치하고, 마을 사람들은 소녀가 약간 모자라거나 미쳤다고 생각한다. 소녀는 소외된 마을에서 한 번 더, 혹은 가장 소외된 존재다.

어느 날 다정하게 굴며 돈을 빼앗아 간 오빠에게 속은 것을 깨달은 소녀는 분노와 슬픔에 잠겨 키우는 고양이를 죽인다. 고양이 사체를 안고 바인카임 성으로 가서 쥐약을 먹고 자살한다. 소녀는 나중에 승천하는데, 이 자살과 죽음은 소설 전체와 겉도는 듯 괴상하게 이어진다.

누가 사탄이고 왜 탱고를 추는가

과잉과 기괴가 넘쳐나는 이 소설은 엉뚱한 전개에도 불구하고 재미있게 잘 읽힌다. 파카레스크 소설 양식을 계승한 〈사탄탱고〉에서 당연히 중심인물은 이리미아시이다. 그의 실체는 마을의 구세주가 아니라 권력에 부역하는 정보원이다. 이리미아시가 마을 사람들을 현혹해 새로운 미래를 제시하고 그들은 열광적으로 호응하며 마을을 버리고 길을 떠난다.

그는 파카레스크(악한)를 넘어 사탄일 수도 있다. 부활과 승천, 출애굽 등 신구약을 아우르는 상징이 넘쳐나고 수미상관으로 원을 닫아버리는, 고전주의를 연상케 하는 포스트모더니즘 기법까지 이 소설을 한 마디로 규정하긴 힘들다.

힘차게 달려온 서사는 당사자를 배제한 채 간접화법으로 희미하게 주저앉고 이때 황당하게 의사란 인물이 플롯에 치고 들어온다. 당연히 밑밥을 깔아 놓았지만, 무슨 역할인지 짐작하기 어려웠던 의사가 대미를 정돈해버린다. 문자 그대로의 수미상관으로 소설이 끝난다.

〈사탄탱고〉는 읽기 어려운 소설이 아니다. 다만 한마디로 뭐라고 규정하기는 힘들다. 몰락과 폐허를 버텨가는 인간군상의 현존을 이렇게 포스트모던한 작법으로 동시에 모더니즘의 전통을 배면에 깔면서 형상화한 작가의 역량은 칭찬을 거듭해도 과하지 않다. 첫 작품으로 세계 문학사의 기념비를 세운 드문 작가 중의 한 사람이다. 작가는 우리가 문학에서 기대하는 많은 것을 사탄보다 더 교활하게 〈사탄탱고〉에 담았다. '사탄탱고'를 춘 실제 주인공이 어쩌면 크라스나호르카이일지도 모르겠다.

Part 1

아시아

소년이 온다

한강(1970년~, 대한민국 · 2024년 수상)

우리나라 최초이자 아시아 여성 최초의 노벨문학상 수상자다. 연세대학교 국어국문학과 4학년 때인 1992년에 시로 윤동주문학상을 수상했다. 이어 1993년 계간지 〈문학과 사회〉에 '얼음꽃' 등을 발표하여 시인으로 먼저 등단했다. 이듬해 서울신문 신춘문예 소설 부문에 단편소설이 당선되며 소설가로 본격적인 작품 활동을 시작했다. 2007~2018년 서울예술대학교 문예창작과 교수로 재직했고, 이후 전업 작가로 활동하고 있다.

다소 불편한 주제를 파격적인 방식으로 표현한다는 평이 있다. 이상문학상 수상작 〈몽고반점〉이 대표적이다. 〈몽고반점〉은 널리 알려진 〈채식주의자〉라는 소설집에 수록됐다. 〈채식주의자〉는 독립영화로 제작되어 선댄스 영화제에서 아시아 영화 중 유일하게 월드시네마 드라마 경쟁 부문 본선에 진출했다. 또한 〈채식주의자〉가 번역돼 영국 문학 시장에 선보이며 2016년 아시아 최초로 영국의 부커상 인터내셔널을 수상함으로써 노벨문학상으로 가는 징검다리가 됐다.

박근혜 정부의 문화예술계 블랙리스트에 작품 〈소년이 온다〉뿐 아니라 작가 본인이 포함되었다. 사상적 편향성을 문제 삼았는데, 박 대통령이 부커상을 받은 작가에게 축전을 보내지 않은 이유도 같은 맥락으로 보인다.

1980년 5월 광주민주화운동 당시 중학교 3학년 동호는 친구 정대의 죽음을 목격한 것을 계기로 전남도청 상무관에서 시신을 관리하는 일을 돕는다. 합동분향소가 있는 상무관에 매일같이 많은 시신이 들어오고 동호는 시신 수습을 도우면서 혼을 위로하기 위해 주검 앞에 초를 밝힌다. 정대는 동호와 함께 시위대를 따라 행진하던 중 계엄군이 쏜 총에 맞아 숨진다. 어린 나이에 공장에 들어가 공원으로 일하며 남동생 정대를 뒷바라지하던 정미 역시 행방불명된다.

상무관에서 동호가 만난 항쟁의 시민은 수피아여고 3학년 김은숙, 노동운동을 하다가 직장에서 쫓겨나 양장점에서 일하던 임선주, 교육대학교에 재학중인 김진수다. 1장 '어린 새'는 동호의 이야기를 다루고, 2장 '검은 숨'은 계엄군 사격으로 사망한 정대를 혼의 입장에서 그린다. 3장 '일곱 개의 뺨'의 주인공은 김은숙으로, 데모로 점철된 대학생활을 포기하고 작은 출판사에서 편집자로 일한다. 원고를 검열받는 과정에서 경찰서에서 '일곱대의 뺨'을 맞는다.

4장 '쇠와 피'는 도청에서 시민군으로 저항하다가 계엄군이 광주를 점령하면서 체포된 김진수의 이야기다. 체포 후 끔찍한 고문을 거쳐 교도소에서 수감생활을 한다. 출소 후 당시의 트라우마로 고통받다가 자살한다.

5장 '밤의 눈동자'는 봉제공장에 취직해 노조활동을 하다 공장에서 쫓겨난 임선주의 이야기로 그녀는 블랙리스트에 올라 취업할 곳을 찾지 못해 광주의 양장점에서 일하다가 5·18을 맞는다. 상무관에서 버티다가 계엄군에 끌려간 선주는 노동운동을 한 빨갱이란 이유로 무자비한 고문을 받고 그 후유증으로 2년이나 하혈을 한다.

1980년 5월 국가의 폭력이 광주의 순박한 사람들을 어떻게 학살하고 어떻게 파괴했는지, 살아남은 사람들이 얼마나 힘겨운 삶에 직면했는지를 그렸다. 1~5장은 당시를 대표하는 각각의 죽음과 각각의 고통스런 생존을 표현했다. 5·18 당시 광주 인구가 40만 명이었는데, 광주 시민을 진압하기 위해 계엄군이 지급받은 탄환은 80만 발이었다.

6장 '꽃 핀 쪽으로'는 동호 어머니의 이야기다. 어린 자식을 그렇게 보내고 살아남은 어머니의 통한의 삶을, 아들을 그리워하는 절절한 애도를 그린다.

에필로그 '눈 덮인 램프'는 작가 한강의 이야기다. 광주가 고향인 자신과 자신 가족의 체험, 동호의 이야기 등 이 소설을 쓰게 된 과정과 소설로 전하는 고발, 애도가 내용이다.

비가 올 것 같아.
너는 소리 내어 중얼거린다.

정말 비가 쏟아지면 어떡하지.

너는 눈을 가늘게 뜨고 도청 앞 은행나무들을 지켜본다. 흔들리는 가지 사이로 불쑥 바람의 형상이 드러나기라도 할 것처럼. 공기 틈에 숨어 있던 빗방울들이 일제히 튕겨져나와, 투명한 보석들같이 허공에 떠서 반짝이기라도 할 것처럼.

〈소년이 온다〉는 이렇게 아름다운 문장으로 시작한다. 이 책을 쓰게 된 계기인 동호의 이야기를 '너'라는 2인칭으로 기술했다. 곧 동호는 분수대 쪽에서 들려오는 함성과 박수 소리를 들으며 역사의 현장과 연결된다.

5·18 민주화운동에 참여한 15살 소년 동호를 중심으로 그와 이어지며 또한 운동 당시 대표성을 갖는 인물들을 개인의 고통과 내면에 집중하여 그린 소설이다. 소설로 보여주는 미시사다. 동호는 작가와 간접적으로 연결되는 실제 인물(본명은 아니다)로 작가의 아버지인 소설가 한승원의 제자였다. 작가가 동호의 이야기를 책으로 내도 되냐고 동호의 형에게 허락을 받을 때 아무도 동호를 더 이상 모독하지 못하도록

- 작가가 2인칭으로 작품을 시작한 이유를 생각해 보자.
- 역사를 문학으로 기록할 때 유의할 점은 무엇일까?

잘 써달라고 간곡하게 부탁했다는 내용이 에필로그에 들어있다.

소설은 광주항쟁의 기억을 전체 광주 시민이 아닌 개별적 광주 사람으로 또 서로 연결된 집합으로 재구성했다. 각자가 당시를 또 그 이후를 기억하는 방식은 다르지만, 기억하기를 통해 전체로서 광주민주화운동의 올바른 상을 찾아가도록 독자를 초대한다. 2장 '검은 숨'은 동호의 친구이자 계엄군의 총탄에 숨진 소년 정대의 혼의 1인칭이라는 특별한 시점에서 기술했다. 소설엔 2인칭을 포함하여 다양한 시점이 등장한다. 혼의 1인칭이란 특이한 1인칭 또한 목격할 수 있다. 기본적으로는 역사를 '너'로 불러내는 방식이다. 죽음, 고통, 상흔, 양심, 존재 등 무겁고 어려운 주제를 입체적으로 표현하여 공동체 내의 공유기억과 윤리적 일침을 말하고자 하였다.

작품 속 시간 또한 1980년 광주의 5월을 중심에 두고 역사의 시간을 통으로 아우르며 기억하고 추모하는 방식으로 구성했다. 동호와 동호 어머니가 앞과 뒤에서 호응하고, 계엄군에 살해된 시민군을 상무관에서 추모한 동호의 초와, 동호 무덤 앞 작가의 초가 수미상관으로 연결된다. 당시의 기억을 생생하고 정확하게 기억하기를 잊지말아야 한다는 문학적 주장과 그러한 현재의 주장은 과거 억울한 죽음에 대한 추모이어야 한다는 생각일 것이다.

내 이름은 빨강

오르한 파묵(1952년~, 튀르키예 · 2006년 수상)

이스탄불에서 태어나 부유한 대가족 속에서 성장했다. 이스탄불 공과 대학에서 3년간 건축학을 공부했으나 건축가나 화가가 되려는 생각을 접고 자퇴했다. 23세에 소설가가 되기로 결심하고 아파트에 틀어박혀 글을 썼다. 그 사이에 저널리즘 전공으로 이스탄불 대학교를 졸업했다.

7년 후 내놓은 첫 소설 〈제브데트 씨와 아들들〉(1982년)이 '오르한 케말 소설상'과 '밀리예트 문학상'을 받았다. 이후 발표한 〈고요한 집〉 〈하얀 성〉이 호평을 받으며 세계적인 명성을 얻기 시작했다. 1985~1988년 미국 컬럼비아 대학교의 방문교수로 있으면서 집필한 〈검은 책〉(1990년)은 '프랑스 문화상'을 받았다. 이 소설로 대중적이면서도 실험적인 작가로 전세계에 이름을 알린다. 1994년 출간된 〈새로운 인생〉은 튀르키예 문학 사상 가장 많이 팔린 소설로 기록됐고, 〈내 이름은 빨강〉(1998년)은 수많은 나라에서 번역되고 국제적으로 많은 상을 받은 대표작으로 자리매김했다.

문명 간의 충돌, 이슬람과 세속화한 민족주의 간의 관계 등을 주제를 작품에 담아냄으로써 노벨문학상을 받았다. "문화 간의 충돌과 얽힘을 나타내는 새로운 상징들을 발견했다."는 평을 받는다.

> "나는 지금 우물 바닥에 시체로 누워 있다. 마지막 숨을 쉰 지도 오래되었고 심
> 장은 벌써 멈춰 버렸다. 그러나 나를 죽인 그 비열한 살인자 말고는 내게 무슨
> 일이 일어났는지 아무도 모른다. 그자는 내가 정말로 죽었는지 확인하려고 숨소
> 리를 들어 보고 맥박까지 확인했다. 그러고는 옆구리를 힘껏 걷어차더니 우물로
> 끌고 와 바닥으로 내동댕이쳤다. 이미 돌에 맞아 깨져 있던 내 머리는 우물 바닥
> 에 부딪히면서 산산조각이 났고, 얼굴과 이마, 볼도 뭉개져 형태를 분간할 수 없
> 다. 뼈들도 부서졌고 입안엔 피가 가득하다."

소설은 '나는 죽은 몸'이란 장으로 시작하고 화자가 이처럼 시체다. 피해자가 살
인 사건을 직접 독자에게 고발한다. 2장은 '내 이름은 카라'란 제목이고 다음과
같이 시작한다.

> "내가 나고 자란 도시 이스탄불. 12년 만에 나는 몽유병 환자처럼 소리 없이 이
> 곳으로 돌아왔다. 누구나 죽을 때가 되면 고향의 부름을 받는다지 않는가. 죽음
> 이 나를 고향으로 이끈 듯하다. 처음 이곳에 돌아왔을 때만 해도 오로지 죽음만
> 이 나를 기다리고 있으리라 생각했지만, 후일 나는 사랑과도 마주치게 되었다.
> 그러나 그 사랑은 이 도시에 대한 나의 기억만큼이나 아득하고 잊힌 무엇이었
> 다. 12년 전, 나의 어린 사촌에게 바쳤던 그 사랑은…."

1591년 겨울, 12년 만에 이스탄불에 돌아온 36살의 카라라는 남자에겐 죽음과
사랑이 기다리고 있었다. 그 죽음의 당사자는 자신이 아니라 1장에서 죽음의 상
태를 말한 시신이다. 살아서 일생을 세밀화에 바쳤고 죽어서 우물 바닥에 버려
진 그 금박 세공사의 죽음의 진상을 밝히는 임무가 카라에게 주어진다. 살인자
를 잡아내면서 카라는, 사랑했지만 사랑을 이루지 못해 떠난 여인을 다시 사랑
할 기회를 잡는다. 이스탄불 최고 미녀인 세큐레는 다른 남자의 아내가 되었다

가 사실상 홀몸이 되어 어린 아이들을 키우고 있다. 전쟁에 참가한 남편이 4년째 집에 돌아오지 않은 상태다.

16세기 말 오스만 제국의 수도 이스탄불에서 살인자를 찾는 추리와 애틋한 사랑이 씨줄과 날줄로 엮여 세밀화처럼 펼쳐진다. 그러나 추리와 사랑만으로 이야기가 채워지지는 않았다. 천 년의 역사를 지킨 제국이 여러 문명과 충돌하며 쇠락기에 접어든 모습을 궁정 세밀화가들을 통해 포착한 역사소설이기도 하다.

마지막에 카라가 살인범을 잡아내고 세큐레와 사랑을 이루니 겉으론 해피엔딩으로 보인다. 그러나 최종 화자인 세큐레가 들려주는 얘기가 정겨운 듯하면서 어쩐지 씁쓸함과 안타까움의 여운을 남긴다.

〈내 이름은 빨강〉은 작가의 노벨문학상 선정 이유에 가장 잘 들어맞는 작품이다. 주제의식의 진지함과 함께 마지막까지 긴장을 늦출 수 없게 치밀하게 구성한 모범적인 추리소설이다. 동서양 예술정신의 충돌이란 큰 이야기를 배경으로 깔고, 또 사랑을 주요한 흐름으로 배치한 채 장인정신과 예술혼, 인간의 세속적인 욕망, 권력투쟁, 음모, 욕망, 비애 등을 섞어 뛰어난 이야기꾼답게 작가가 능수능란하게 소설을 풀어내었다.

1591년 오스만 제국의 궁정화가 '엘레강스'가 이스탄불 외곽의 버려진 우물에서 시체로 발견되는 시작부터 독특한 서술기법이 발휘된다. 시체가 된 엘레강스가 자신이 어떻게 죽었는지를 설명하는 게 흥미롭지만 범인의 정체를 밝히지는 않는다. 독특한 서술은 등장인물 각각이 화자가 돼 상황을 설명하는 분열된 서사와 함께 동식물, 악마, 물건, 시체, 심지어 '빨강' 같은 색깔까지 직접 말하게 한 데서 확인된다. 예컨대 '빨강'은 다음과 같이 자신을 표현한다.

"나는 빨강이어서 행복하다! 나는 뜨겁고 강하다. 나는 눈에 띈다. 그리고 당신들은 나를 거부하지 못한다. 나는 나 자신을 밖으로 드러낸다. 나는 다른 색깔이나 그림

자, 붐빔 혹은 외로움을 두려워하지 않는다. 내가 칠해진 곳에서는 눈이 반짝이고, 열정이 타오르고, 새들이 날아오르고, 심장 박동이 빨라진다. 산다는 것은 곧 보는 것이다. 나는 사방에 있다. 삶은 내게서 시작되고 모든 것은 내게로 돌아온다. 나를 믿어라!

16세기 말, 서쪽으로 이탈리아, 남쪽으로 이집트, 동쪽으로는 인도와 중국에 이르는 광대한 지역을 무대로 당대의 저명한 세밀화가 등 중요한 역사적 인물이 소설에 초대된다. 등장인물은 대립하는 세계관, 특히 동양과 서양의 대립을 대변하지만 선악의 경계가 획일적으로 주어지지는 않는다. 만화경처럼 다채롭고 현란하며 세밀화처럼 눈을 뗄 수 없는 선명한 세계 표현이 독자를 사로잡는다. 이런 여러 이유로 〈내 이름은 빨강〉은 포스트모더니즘 소설로 분류된다.

역사 · 추리 · 로맨스를 담아내면서 어릴 적 화가를 꿈꾼 작가가 오스만 제국 시절의 풍속과 미술 양식에 관해서 충실하게 기술하고 있어 튀르키예 문화를 이해하는 데에도 도움을 준다. 셰큐레의 아들로 오르한을 등장시켜 그가 이야기를 남길 것이라는 식으로 결말을 맺는 건 유머와 여유, 그리고 작가가 독자와 하는 소통이다.

나를 보내지 마

가즈오 이시구로(1954년~, 일본/영국 · 2017년 수상)

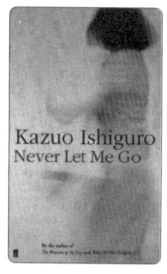

일본 나가사키에서 태어나 영국국립해양학연구소에 일하게 된 아버지를 따라 이시구로가 어릴 때 가족 전체가 영국으로 이주하였다. 원래는 2년만 있다가 일본으로 귀국할 예정이었는데 어쩌다 보니 아예 정착하여 1983년에는 영국 시민권을 획득하게 된다. 할아버지는 시가현 오쓰시에서 태어났지만, 아버지는 상하이에서 태어난 일본인이자 히키아게샤(引揚者 · 일본 식민지에서 본국으로 귀국한 사람을 일컫는 말)였다. 노벨문학상을 받은 이듬해에 기사 작위를 받았다.

켄트 대학교에서 영문학과 철학을 전공했고, 이스트앵글리아 대학교 문예창작학과에서 석사 학위를 받았다. 사회복지사로 일한 경험이 있다.

이시구로의 소설은 과거를 배경으로 한 것이 많다. 〈나를 보내지 마〉는 공상과학적인 성격과 미래 분위기를 보이지만 시대는 1980~1990년대를 배경으로 한다. 〈남아 있는 나날〉은 제2차 세계대전을 전후한 시기 영국, 〈부유하는 세상의 화가〉는 1945년 패전 이후 재건 중인 일본의 어느 도시가 무대다.

작가의 대표작 중 하나인 〈남아있는 나날〉은 제임스 아이보리 감독이 영화로 만들어 호평을 받았다. 많은 작품이 한국어로 번역돼 있다.

1978년, 소설의 주인공인 아직 어린 캐시, 토미, 루스가 헤일샴이라는 기숙학교를 다닌다. 헤일샴은 수학, 과학 등 일반적인 과목보다 그림, 시작 등 예술활동을 더 장려한다. 그러던 어느 날 헤일샴의 어느 교사가 이 학교 학생들의 존재 이유를 알려준다. 그들은 오직 장기기증을 위해서 존재하는 복제인간으로 중년을 채 맞이하기도 전에 모든 장기를 기부하고 죽게 된다는 충격적인 내용이었다.

캐시는 토미를 좋아하고 챙겨준다. 토미 역시 캐시에게 호감이 있다. 캐시의 친구 루스는 두 사람이 서로 호감을 느낀다는 사실을 알지만 질투 때문이었는지 캐시보다 먼저 토미에게 다가가서 루스와 토미는 사귀게 된다.

성인이 돼 장기기증을 준비하는 마지막 과정으로 그들은 기숙학교를 떠나 농장주택에 배치된다. 다른 기숙학교 출신 복제인간도 만난다. 루스의 근원자(원본)가 가까운 곳에 있다고 들은 일행은 루스의 근원자를 찾으러 나간다. 그러나 그 여성을 보고 루스는 이상한 감정을 느끼며 토미와 캐시에게 화를 낸다.

그들은 생명 '유예'에 관한 소문을 듣는다. 그들 중 서로 사랑하고 그것을 증명할 수 있다면 장기기증을 일시적으로 유예해준다는 내용이다. 소문은 복제인간 사이에 빠르게 퍼져나간다. 위태롭게 우정을 이어가던 루스와 캐시는 토미로 인해 다투고 우정이 막을 내린다. 캐시는 기증자(donor)를 돌봐주는 케어러(carer)가 돼 농장을 떠난다. 케어러는 장기이식을 미룰 수 있다. 삐걱대던 루스와 토미의 관계도 그사이에 끝난다.

1994년, 캐시는 여전히 케어러로 일한다. 그동안 많은 복제인간의 죽음을 목격했다. 캐시는 우연히 병원에서 루스와 마주친다. 루스는 두 차례 기증으로 몸이 약해졌고, 마지막 이식 수술을 앞둔 상태였다. 루스와 함께 토미를 찾아낸 캐시는 다시 옛날로 돌아가 셋이 함께 짧은 여행을 떠난다. 여행에서 루스는 토미와 캐시 사이를 방해하고 떼어놓아서 미안하다며 용서를 빈다. 루스는 마지막 수술 후 목숨을 잃는다.

토미와 캐시는 사랑의 생명 유예 소문의 진위를 확인하기 위해 헤일샴의 교장을 찾아간다. 그러나 유예는 없으며 헤일샴의 학생들에게 그림을 그리게 한 이유는 복제인간도 인간이며 영혼이 있다는 증명하고자 하는 의도였다는 얘기를 듣는다. 헤일샴은 복제인간의 인권을 위해 존재한 최후의 학교였다. 기금 부족으로 헤일샴은 폐교될 예정이다. 마지막 수술을 받고 토미가 죽고 캐시도 자신의 장기이식 수술을 기다린다.

소설은 인간 복제가 현실인 세상을 무대로 한다. 장기이식을 목적으로 복제인간을 키워 내는 수용소 같은 시설이 여럿이며 그곳의 운영 방침 또한 제각각이다. 외부 접촉이 완전히 차단된 기숙학교 '헤일샴'은 이런 시설의 하나다. 헤일샴에서 성장하는 캐시, 루스, 토미 등 복제인간은 사춘기를 넘기며 자신의 모체가 되는 근원자를 생각하는 한편, 장기 기증자의 운명을 서서히 받아들인다.

인간의 생명 연장 욕망과 복제인간에 관한 상상은 올더스 헉슬리의 소설 〈멋진 신세계〉, 마이클 베이 감독의 영화 〈아일랜드〉 등을 통해 다양한 방식으로 표현되었다. 보통 이런 디스토피아 작품은 과학기술의 발전으로 이루어 낸 신세계의 위험을 경고한다. 하지만 이 작품은 인간 중심주의에서 벗어나 복제인간의 입장에 주목한다. 인공지능(AI) 로봇을 다룬 작가의 〈클라라와 태양〉에서도 인간보다는 로봇의 존재를 더 파고든다. 〈나를 보내지 마〉는 복제인간의 삶을 통해, 복제인간의 시선으로 생명의 존엄성에 관해 근본적인 질문을 던진다.

만일 이성과 감성을 지닌 하나의 생명체인 복제인간을 죽임으로써 인간이 자신의 생명을 연장할 수 있다면 실제로 그런 일을 해야 할까, 또 그렇게 함으로써 미래의 인류는 더 행복해질까. 고민 없는 유토피아는 즉각 디스토피아의 등가물이 될 터다. 작가는 어느 인터뷰에서 "(이 작품이) 인간 복제의 위험성을 경고한 것이 아니라, 우리가 살아가는 방식이 과학의 영역으로 넘어가는 것을 통찰했다."라고 말했다.

소설의 원제 '네버 렛 미 고(Never let me go)'는 주디 브리지워터의 팝송 카세트테이프의 세 번째 트랙에 담긴 곡의 제목이다. 작품에서 '네버 렛 미 고'란 노래와 이 노래가 수록된 카세트테이프는 인간과 복제인간의 시각 차이를 보여 주는 주요 소재이자, 세 주인공의 우정과 미묘한 사랑의 갈등을 엮어 가며 소설을 이끌어 가는 모티프다.

어느 매체는 이 작품을 "독자로 하여금 날것 그대로의 죽음과 상실 그리고 우리가 사랑하는 것들의 참을 수 없는 연약함에 직면하게 하는 독창적인 방식"을 담았다고 평가했다. 실제 복제인간이 어떨지는 아직 도달하지 않은 미래여서 알 수 없다. 의식 없는 장기 공장으로 설계하면 문제가 해결될까. 고민을 재촉하는 소설이다.

04

설국

가와바타 야스나리(1899~1972년, 일본 · 1968년 수상)

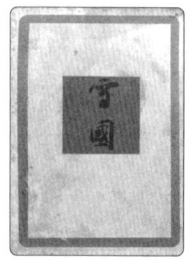

일찍이 부모를 잃고 15세 때 10년을 함께 산 할아버지마저 지병으로 세상을 떠나 외로운 성장기를 보냈다. 어릴 때 몸이 약했고 일찍 부모와 조부가 떠난 경험이 허무와 고독, 죽음에 대한 집착을 낳았으며 평생 그의 작품에 영향을 미쳤다.

1920년 도쿄 제국대학 영문학과에 입학하지만 곧 국문학과로 전과해 1924년에 졸업했다. 〈문예시대〉를 창간해 감각적이고 주관적으로 재창조된 새로운 현실 묘사를 시도하는 '신감각파' 운동을 주도했다.

1924년 서정적인 문체의 첫 소설 〈이즈의 무희〉를 발표했고 1937년 〈설국〉으로 일본을 대표하는 작가로 국내외에 자리매김했다. 〈설국〉은 발표 후 10여 년 동안 여러 번의 수정 작업을 거쳐 1948년에 완결판이 출간되었다.

여러 가지 전위문학을 실험한 끝에, 일본의 전통적인 아름다움으로 자신만의 서정을 추구하여 독자적인 문학 세계를 창조했다. 1972년 3월, 급성 맹장염으로 수술을 받고 퇴원한지 한 달 만에 자택에서 가스 자살로 생을 마감했다. 제자인 미시마 유키오가 자결한 뒤 얼마 지나지 않은 시점이었다.

참고: 1948년에 출판된 〈설국〉이 현재 통용되는 소설이다. 1935년 처음 잡지에 일부 내용을 단편으로 발표했고, 1937년에 단행본으로 묶여 발행됐으나 이후 수정을 계속해 1948년 출판본이 최종판이 됐다. 1947년 마지막 부분이 더해져 현재의 완결판 소설로 나왔다.

주인공 시마무라가 도쿄에서 기차를 타고 눈의 고장의 온천 마을로 향한다. 시마무라는 서양 무용에 관심을 두고 가끔 글을 쓰며 지내는, 유복한 중년 남성이다. 유산으로 무위도식하며 여행을 다닌다. 기차 안에서 그는 병든 남자를 간호하는 한 소녀를 발견한다. 나중에 온천 마을에서 다시 만나게 되는 요코다.

온천 마을에 도착해 시마무라는 고마코라는 관능적이고 열정적인 게이샤를 찾아간다. 두 사람은 이전에 인연을 맺은 사이다. 자유롭고 당찬 성격의 고마코는 시마무라에게 적극적이다. 시마무라는 "모두 헛일"이라며 고마코의 애정을 방관한다. 시마무라는 고마코의 열정과 순수함에 매력을 느끼면서도 빠져들지 못하고, 눈의 고장을 떠나 도쿄로 돌아가면 그녀를 잊는다. 여행자란 원래 잠시 머물다 떠나는 법이다.

시간이 지나 다시 찾은 온천 마을, 이제 요코가 등장한다. 요코가 간병하는 남자는 고마코 춤 선생의 아들이다. 병든 남성을 간호하며 헌신적인 삶을 살아가는 요코에 시마무라의 마음이 움직인다. 그러나 표시 나게 다가가지는 않는다. 시마무라는 고마코와 요코 모두에게 특별한 감정을 느낀다. 삼각관계라고 할 만한 것이 없는 미묘한 삼각관계다.

시마무라에 대한 고마코의 사랑은 직선이고 한 방향이다. 시마무라는 그녀의 진심을 외면하고 계속 감정적으로 거리를 둔다. 그런 시마무라에 고마코는 좌절감을 느낀다. 요코는 자신의 현실이 버겁다. "모두 헛일"이라면서도 시마무라는 두 여자에게 자신도 모르게 한 걸음씩 다가간다. 겉도는 관계 속에서 인물들의 섬세한 감정이 펼쳐지고, 그리고 정염과 고독이 이어질 듯 어긋나며 설국의 차갑고 아름다운 자연과 어우러진다.

〈설국〉의 대단원은 눈과 불의 대조 속에 이루어진다. 마을의 창고에서 화재가 발생한다. 요코가 불길 속에서 추락하여 죽음을 맞는다. 겨울밤의 화재 현장으로 고마코와 함께 걸어가던 시마무라는 "경직된 몸이 공중에 떠올라 유연해지고 동시에 인형 같은 무저항, 생명이 사라진 자유로움으로 삶도 죽음도 정지한 듯한 모습"을 목격한다. 나중에서야 그 추락의 주체가 요코였음을 알게 된다. 고마코가 죽은 요코를 안고 오열한다. 시마무라가 울부짖는 고마코에게 다가려고 하지만 주변 사람에 떠밀려 휘청거릴 뿐 접근하지 못한다. 넘어지지 않으려고 발에 힘을 주며 하늘을 올려다보자 쏴아 하고 은하수가 시마무라 안으로 흘러들었다. 은하수가 유난히 아름다운 밤이었다.

〈설국〉은 일본에 최초의 노벨문학상을 안겨 준 작품이다. 스웨덴 한림원은 노벨문학상 수상자로 가와바타를 지명하며, "일본인 마음의 정수(精髓)를 뛰어난 감수성으로 표현하는 서술의 능숙함"을 들었다. 이 소설은 서정성 뛰어난 감각적 문체로 눈의 고장을 그린다. 소설의 배경은 눈이 많이 내리기로 유명한 일본 니가타현 에치고의 유자와 온천인데, 실제로 작가가 이곳에 머물면서 작품을 집필했다.

눈이 많이 내리는 지방의 자연 풍경과 풍습, 사람들이 살아가는 모습을 정교하게 묘사한 반면 줄거리를 희미하게 두었다는 것이 이 소설의 특징이다. 등장인물들의 심리는 비교적 잘 엿볼 수 있지만 사건의 전개는 애매하게 이루어진다.

대표적으로 결말의 요코 투신 장면에서, 그녀가 죽었는지 살았는지, 또 그녀가 실족했는지 투신했는지가 확실하지 않다. 긴 세월에 걸쳐 문장을 다듬었기에 당연히 작가가 의도한 바다. 열린 결말에 따라 해석 또한 다양해진다. 언어를 불명료하게 끌고 가 여운을 강화한 문체 또한 가와바타가 〈설국〉에서 현란하게 보여준다. 그의 문체에서 나타난 생략과 얼버무림이 더 강렬한 이미지를 만들어낸다고 연구자들은 말한다.

- '설국'은 어떤 곳인가?
- 유코의 죽음이 자살일 때와 아닐 때 각각의 의미를 따져보자.

소설의 주요 등장인물은 세 명이다. 한량이나 다름없이 여행이나 다니는 시마무라, 눈의 고장에서 게이샤로 살며 시마무라를 열렬히 사랑하는 성숙한 여인 고마코, 순수한 소녀 요코. "모두 헛일"이라는 시마무라의 말대로 세 사람이 만들어낸 기묘한 감성의 세계는 그저 헛일일지 모르지만 소설로선 특별한 체험을 독자에게 준다. 눈의 고장 설국은 니가타이면서 모두가 대면하는 어떤 세계일 수 있다. 눈의 고장은 경계 너머에 있는 특별한 장소의 상징이다.

첫 문장이 유명한 소설 중 하나다. 한국어 번역만 해도 출판사마다 각기 다르다. [민음사]의 유숙자 번역본을 소개한다. 이 번역이 최선이란 뜻은 아니다. "국경의 긴 터널을 빠져나오자, 눈의 고장이었다. 밤의 밑바닥이 하얘졌다. 신호소에 기차가 멈춰 섰다. 건너편 자리에서 처녀가 다가와 시마무라 앞의 유리창을 열어젖혔다. 차가운 눈 기운이 흘러 들어왔다. 처녀는 창문 가득 몸을 내밀어 멀리 외치듯, '역장님, 역장님-'" 역장을 부른 요코의 목소리는 "슬프도록 아름다운" 것이어서, "높은 울림이 고스란히 밤의 눈을 통해 메아리쳐 오는 듯했다."

개구리

모옌(1955년~, 중국 · 2012년 수상)

본명은 관모예(管謨業). 모옌(莫言)은 필명으로, (글로 쓰지) 말하지 않는 다는 뜻이다. 공장에서 노동자로 생활하다가 1976년 인민해방군에 입대해 군 생활 중에 문학에 눈을 떴다고 한다. 이후 베이징사범대학 등에서 공부했다. 1987년 〈홍까오량 가족(紅高粱家族)〉이 성공하며 작가로 입지를 굳힌다. 이 소설은 장이머우 감독에 의해 '붉은 수수밭'이란 영화로 만들어졌고, 영화가 1988년 베를린 영화제 황금곰상을 수상하며 덩달아 소설이 유명해졌다.

현재 중국에서 최고 작가로 꼽혀 종종 중국의 포크너라고 불리는가 하면 더러 중국의 카프카로도 불린다. 환상적 리얼리즘 등 그의 작품세계가 포크너와 카프카를 연상시키는 측면이 많아서이기 때문이다.

한때 모옌은 일부 반체제 망명 중국인 사이에서 친정부 어용작가로 비난을 받았다. 작가의 노벨문학상 수상 2년 전인 2010년에 노벨평화상을 수상한 민주화운동가 류샤오보와 비교되어, 그가 중국 정부 지원을 받는 중국작가협회 부주석을 맡은 것을 두고 나온 얘기다. 요즘은 극렬 인터넷 애국주의자들을 중심으로 모옌이 작품을 통해 "영웅 열사들을 모욕했다."고 비난하는 정반대 상황이 빚어지니 세상사가 흥미롭다.

화자인 커더우가 중국의 계획생육 정책에 관한 이야기를 자신의 고모 완신을 중심으로 조명한다. 작중 문학 스승 스기타니 요시토에게 편지를 쓰는 형식으로 만든 소설이다. 굳이 앞에 명시한 스기타니 요시토가 누구인지는 불분명하다. 커더우는 필명이고, 실제 이름은 고모가 지어준 완쭈다.

계획생육 시대 중국의 사회상이 배경으로 깔리면서 회상의 구조를 취한 편지글은 고모의 활약상을 흥미진진하게 전한다. 1937년생인 고모는 아버지가 독립유공자라서 중앙 정치 무대에서 출세할 수 있었으나, 군의관이었던 아버지의 가업을 잇고자 위생학교를 졸업하고 산부인과 의사가 되었다. 1954년 4월 4일 처음 아이를 받은 후 의사를 그만 둘 때까지 모두 1만 명의 아이를 받아냈다. 커더우의 탄생도 고모가 지켰다.

고모가 산부인과 첫 아이를 받을 무렵까지만 해도 중국 정부는 인구를 늘리기 위해 출산을 장려했다. 당시는 노동력이 부족했기 때문이다. 그러나 인구가 늘어나며 실업, 주택, 의료 등 여러 사회문제가 예상되자 비공식적인 산아제한으로 정책을 바꾸었고 나중에는 대대적이고 강력한 계획생육, 즉 산아제한을 밀어붙였다.

고모의 남자친구는 공군 조종사였다. 어느 날 비행기를 몰고 해협을 넘어 타이완의 장제스 정권에 귀순했다. 이에 따라 중국 공산당 내에서 의혹의 시선을 받게 되자, 계획생육 정책에 헌신하며 애국심을 증명하게 된다.

소설은 고모의 상반된 역할, 즉 아이를 태어나게 하거나 태어나지 못 하게 하는 상반된 두 일을 보여주다가, 커더우에 이르러 소설 전개에 중요한 기능을 하는 사건을 일으킨다. 딸을 낳은 데 이어 새로 아이를 갖게 된 커더우 부부는 어떻게든 둘째 아이를 낳으려고 하지만, 고모는 당과 국가의 정책에 예외가 있을 수 없다며 낙태를 고집한다. 아내는 낙태 수술을 받던 중에 숨진다.

아내 사망 후 커더우는 고모의 조수인 샤오스쯔와 재혼한다. 그러나 두 사람 사이에선 아이가 생기지 않는다. 나이가 든 데다 아이가 갖고 싶은 마음이 너무 강했던 샤오스쯔는 대리모를 통해 아이를 낳기로 한다. 커더우는 자신도 모르게 이루어진 대리모의 임신과 출산에 반대하지만 결국 샤오스쯔의 뜻을 받아들인다. 대리모의 임신 기간에 자신도 임신한 것으로 하여 소설의 마지막에 이르면 대리모가 출산한 아들을 부부의 아이로 하여 고향의 가족에 데리고 간다. 고모는 의사에서 퇴직한 후 늦게 결혼하고 남편과 함께 자신이 낙태한 아이들의 모습을 점토 인형으로 만들면서 노년을 보낸다. 샤오스쯔의 거짓 임신을 의사로서 당연히 알지만 모른 척하며 축복한다.

중국의 산아제한정책인 '계획생육'을 비판적으로 조명한 이 소설은 회상으로 출발한다. 화자가 떠올린 고모는 고향에서 50년 동안 1만 명이 넘는 아이를 받은 전설적인 산부인과 의사다. 혁명 열사의 딸이라는 탁월한 출신 성분에다 신식 의학을 배워 장래가 촉망되는 젊은이였지만, 약혼자의 타이완 망명 이후 앞날에 어두운 그림자가 드리운다. 계획생육 정책을 정부에서 폭압적으로 시행하면서 고모는 생명의 탄생을 지키는 성스럽고 보람 있는 일 대신 임신 중절 수술을 하게 되면서 '살아 있는 염라대왕'으로 불린다.

〈개구리〉는 현대 중국의 '뜨거운 감자'인 인구 문제를 일선의 산부인과 의사를 통해 풀어낸 작품이다. 인구가 1949년 5억4100만 명에서 1969년 8억 명을 넘어서자 당황한 중국 정부는 "핏물이 강을 이룰지라도 초과 출산은 허락할 수 없다."면서 강력하게 산아제한을 추진했다. 이 과정에서 생명 윤리 위배 등 강제 집행에 따른 부작용이 사회 전반에서 속출했다. 많은 아이가 호적에 오르지 못한 채 '어둠의 자식'으로 남아야 했다.

- '고모'가 퇴직 후에 점토 인형을 만들며 말년을 보내는 모습에서 제3자로서 그녀의 인생을 돌이켜 생각해 보자.
- 〈개구리〉의 소설 형식을 주제와 관련하여 음미해 보자.

모옌은 등단 이후 줄곧 고향인 산둥성 가오미현을 주요 무대로 소설을 썼기에 향토 소설가 또는 심근(尋根 · 뿌리를 찾는다는 뜻) 소설가로 분류되었으며 서구 모더니즘도 받아들인 선봉문학(先鋒文學, 전위파) 작가로 알려져 있다. 또한 중국 민간 문화를 바탕으로 '환각 리얼리즘'을 탄생시켰다는 평가를 받았다.

대표작의 하나인 〈개구리〉 역시 편지글과 소설, 마지막에 덧붙인 희곡이 어우러진 독특한 형식에 사회문제를 이야기꾼의 문체로 재미있게 담아내 독자적인 문학세계를 구축했다. 〈개구리〉는 커더우가 화자인 1인칭 소설이지만 실제 주인공은 고모이고, 분명 소설이지만 커더우가 수신자인 스기타니 요시토에게 보내는 다섯 통의 긴 편지로 이루어진다. 마지막 다섯 번째 편지가 9막짜리 희곡이다.

가오싱젠이 망명하여 프랑스 국적으로 노벨문학상을 받았기에 모옌은 공식적으로 중국인 최초의 노벨문학상 수상자다. 개구리를 뜻하는 중국어 '와(蛙)'는 아기란 뜻의 '와(娃)'와 음이 비슷하다. 제목의 '개구리'가 한국어로는 와닿지 않지만, 중국어로는 계획생육 정책에 관한 것임을 유추할 수 있다. 다른 상징이 포함됐을 수도 있고.

만엔원년의 풋볼

오에 겐자부로(1935~2023년, 일본 · 1994년 수상)

〈설국〉의 가와바타 야스나리(1968년수상)에 이은 일본의 두 번째 노벨 문학상 수상자. 야스나리가 일본의 미를 천착했다면 겐자부로는 전쟁 책임을 강조했다. 천황제와 국가주의를 반대하고 민주주의자의 삶을 살아 '일본의 양심'으로 불린다.

장애아를 낳고 키운 경험(아들이 6살까지 식물인간이었다. 소설 〈만엔원년 의 풋볼〉에 비슷한 이야기가 나온다.)과, 원폭 피해자가 있는 히로시마 여 행이 약자를 위한 소설을 쓰겠다고 다짐한 계기가 됐다. 일본 평화헌 법 지키기 등 사회적 목소리를 꾸준히 냈다. 그런 맥락에서 그의 소설엔 사회성이 짙다. 만주 침 략과 중일전쟁, 한국의 식민통치, 태평양전쟁 등 가해자 일본과 히로시마 · 나가사키 원폭 투하 등 피해자 일본 등 근현대사 속의 일본을 정면으로 바라보려고 노력한 작가다.

실천하는 지식인의 면모는 한국의 김지하 시인 구속 때 반대 단식을 하고 5 · 18 민주화운동 당 시 한국의 군사독재에 항의한 것에서도 엿보인다. 사르트르의 영향을 많이 받아 인간이 근본적 으로 안고 있는 불안과 갈등 등 실존 문제를 작품에서 다뤘다. "작가는 모든 단어에 예민해야 한다."는 신념이 글에 이어져 문체가 읽기 편한 편은 아니다.

참고: 〈군상〉의 1967년 1월호부터 7월호에 걸쳐 연재되었고, 같은 해 9월에 단행본으로 출판되었다.

주인공 미쓰는 27살의 남자로 과거에 불의의 사고로 한쪽 눈의 시력을 잃었고, 장애가 있는 어린 아들을 요양소에 보내놓고 마음이 편치 않다. 절친이 알몸으로 목을 매 자살해 큰 충격을 받는다. 아내 나쓰코는 아들의 문제로 상처를 입어 알코올 중독에 빠져있다.

좌파 학생운동에 투신해 활동하다가 전향하고 이후 전향한 학생들로 구성된 극단의 일원이 되어 미국으로 건너가 있던 미쓰의 동생 다카시가 귀국하며 형제는 도쿄를 떠나 새로운 삶을 살기로 한다. 목적지는 고향인 시코쿠 산골 마을. 고향은 형제의 증조부의 동생이 만엔원년(万延元年) 즉 1860년에 민란을 일으킨 곳이다. 봉기가 실패하자 그는 홀로 고향을 빠져나가 자취를 감추었고, 이후 행적에 관한 소문이 대를 이어 무성하게 전해졌다.

고향은 '슈퍼마켓 천왕'이라 불리는 조선인이 슈퍼마켓을 통해 완전히 장악한 상태였다. 그는 마을 청년들에게 돈을 대어 닭을 대규모로 키우게 했다. 미쓰 일행이 귀향하고 얼마 지나지 않아 닭들이 추위와 굶주림으로 몰사한다. 다카시는 청년들의 불안을 파고들어 '슈퍼마켓 천왕'과 대립한다. 청년들로 풋볼팀을 구성해 무리 지어 다닌다. 미쓰는 다카시가 만엔원년 봉기의 증조부 동생을 따라 한다고 생각해 걱정에 휩싸인다.

새해가 되고, 미쓰는 자신의 걱정을 두고 다카시와 언쟁을 벌인다. 나쓰코는 다카시의 편을 든다. 얼마 뒤 다카시가 행동에 나서 풋볼팀과 마을 사람들을 부추겨 슈퍼마켓을 습격해 약탈한다. 이 일로 형제의 거리가 더 멀어진다. 그사이 다카시와 미쓰의 아내, 즉 다카시의 형수가 연인 사이가 된다. 다카시는 미쓰에게 자신이 나쓰코와 결혼하겠다고 말한다. 부부와 형제 사이가 산산조각이 나려는 즈음에 다카시가 마을 여자를 성폭행하려다 살인을 저지르는 황당한 사건이 일어난다. 리더를 잃은 풋볼팀은 무너진다. 다카시는 미쓰에게 자신이 과거에 저지른 잘못을 고백한다. 형제에게 자살한 백치 여동생이 있었는데 다카시와 근친 상간으로 여동생이 임신했고 결국 그 일로 자살했다는 내용이었다. 다카시는 총 으로 자살한다.

'슈퍼마켓 천왕'이 나타나 자신에게 팔린 미쓰 집안의 건물을 헌다. 철거 중에 미쓰는 자신이 머물던 별채에서 지하실을 발견하고, 증조부의 동생이 봉기 실패 후 소문과 달리 그곳에 자신을 가두고 평생을 보냈다는 사실을 알게 된다.

다카시의 아이를 가진 아내가 미쓰에게 새롭게 시작하자고 제안한다. 요양소에 보낸 아이를 되찾아 부부는 두 아이를 같이 키우기로 결심한다. 다카시는 변화를 기대하며 아프리카로 떠난다.

일본 문학의 거장 오에 겐자부로의 대표작이다. 탐미 문학의 대가 미시마 유키오가 "전후 일본 문학의 새로운 정점이 나타났다."라고 평했듯, 일본 문학 최고봉의 하나다.

1971년 영문 번역 제목은 '침묵의 외침(The Silent Cry)'이었다. 스웨덴 한림원은 "탁월한 문학적 상상력으로 인간이 근본적으로 안고 있는 불안과 실존의 문제를 섬세하게 다뤄왔다."고 논벨문학상 선정 이유를 밝혔는데, 〈만엔원년의 풋볼〉을 떠올리게 된다.

막부시대 말기의 민란과 메이지유신, 태평양전쟁 패배 이후 일본 현지인과 강제징용 조선인 사이의 갈등, 근친상간, 실존에 관한 고뇌, 봉기라는 형태로 분출한 대중의 분노, 대중을 이용하는 정치적 인간들, 그런 에너지를 이용하는 가진자들의 야비함 등 폭력이 난무한 일본 근현대사 100여 년의 갈등과 치욕의 시간을 미쓰와 다카시란 형제를 통해 그렸다.

작가는 "만 2년의 우울한 준비기간을 거치고 나서 그동안 써두었던 노트와 초고를 모두 태워버리는 것으로 일을 시작하였다. 나에게 들러 붙어있는 이미지들을 모두 구겨 넣듯이 하여 〈만엔원년의 풋볼〉을 썼다."라고 말했다.

생각거리

• '기대와 풀로 만든 집'이 뜻하는 것은 무엇인가?
• 미쓰와 다카시, 두 인물의 고통과 생각을 비교해 보자.

이 소설에는 국가와 공동체에 대한 작가의 문제의식이 담겨 있다. 인간의 고통과 회복을 개인 차원이 아니라 사회라는 프리즘으로 추적한다. 크게 세 개 시간 축이 소설에 나온다. 시코쿠의 산골에서 농민 봉기가 일어난 1860년(만엔 원년), 태평양전쟁이 일본의 패배로 끝난 1945년, 미일안보조약 체결에 반대하는 일본 내 '안보 투쟁'이 전개된 1960년대가 정교하게 교차하며 하나의 그림을 제시한다.

오에 겐자부로는 전쟁의 황폐함을 직접 목격하고 경험한 전후 세대로, 국가주의가 얼마나 끔찍한 일을 저지를 수 있는지를 체험하고 그런 일이 반복되어서는 안 된다는 생각을 작품에 쏟아냈다. 단순한 개인의 고뇌가 아니라 구조화한 폭력에 지배받은 시대의 일본인을 포착해 적나라하고 그로테스크하게 표현했다.

그러나 작가가 고통을 까발리는 글쓰기만 한 것은 아니다. 상처받은 인간에게 위로를 건네려고 애쓰는데 가벼운 위로가 아니라 구원의 가능성을 함께 고민한다. 작품의 결말에 나오듯 '기대'라는 이름의 '풀로 만든 집'을 찾아 다시 살기를 결심하는 일은 금지되지 않았다.

버스 정류장

가오싱젠(1940년~, 중국/프랑스 · 2000년 수상)

은행 고위직인 아버지와 연극배우였던 어머니 아래에서 서구식 교육을 받으며 유복하게 자랐다. 어려서 피아노와 바이올린을 배웠고, 동양화에 남다른 재능을 보였다.

베이징외국어대학 프랑스문학과를 졸업한 후 프랑스 출판물 번역가로 일하면서 틈틈이 그림을 그렸다. 어머니의 영향으로 연극에 눈을 떠 공산당의 공포정치 등 중국의 사회 현실을 주제로 희곡을 집필한다. 외국 문학을 공부하며 브레히트, 베케트 등의 연극을 접했고, 현실 상황과 맞물려 자연스럽게 작품 경향이 부조리극이 된다. 이런 비판적인 성향으로 당국의 요시찰 인물이 됐고 문화대혁명이 일어나면서 하방(下放)운동에 끌려가 마오쩌둥이 사망하며 문화대혁명이 끝난 1976년까지 6년을 '재교육' 받았다. 그 기간 글쓰기와 그림 그리기가 금지된 가운데 비밀리에 작품을 썼다.

덩샤오핑의 개혁개방 정책과 지식인에 대한 유화 정책이 시행된 1978~1979년 이후 가오싱젠도 작품 활동을 재개하고 해외의 문학 세미나 등에 참석할 수 있게 된다. 그의 비판 정신이 끝내 중국 정부의 탄압에 부딪히자 1987년 프랑스로 망명한다.

참고: 초판은 없다. 여기서는 2001년 대만 중국어 출판본을 소개했다. 1981년에 완성한 대본이지만, 1983년이 되어서야 베이징 인민예술극장에서 공개 공연되었고 13회 공연 후 중단되었다.

희곡 제목인 버스 정류장은 연극의 무대다. '교외의 한 버스 정류장'으로 장소가 명시된다.

정류장 팻말 옆에는 철제 난간이 세워져 있다. 버스를 기다리는 승객들은 이 난간 안에서 줄을 서서 차례를 기다린다. 철제 난간은 십자 모양으로, 동서남북 각 단의 길이가 모두 달라 상징적인 의미가 있는 듯하다. 사거리를 의미하기도 하고, 인생의 교차점인 듯 보이기도 하며, 각 인물의 인생 여정 중의 한 지점을 나타내는지도 모른다. 각기 다른 방향에서 사람들이 등장한다.

노인이 빈손으로 등장하여 먼저 도착해 있던 '말 없는 사람'에게 차가 막 지나갔냐고 묻고 '말 없는 사람'이 고개를 끄덕인다. 두 사람 모두 시내를 가려고 버스를 타러 왔다. 시간 배경은 토요일 오후다. 노인이 말한다.

> *"자, 사람들이 오는구먼. 앞에 서시오. 난 당신 뒤에 설 테니. 그래 봐야 조금 있다 차 오면 줄이고 뭐고 모두 엉망이 되겠지. 힘센 사람이 자리 차지할 것이고, 다 그렇게 돌아간다니까!"*

'말 없는 사람'이 노인의 말을 듣고 미소 짓는다.

이어 아가씨가 핸드백을 들고 등장하여, 이들에게서 조금 떨어진 곳 선다. 덜렁이 청년이 나타나 난간 위에 걸터앉아 주머니에서 필터담배를 꺼내 라이터로 불을 붙인다. 사람들이 등장하며 말을 섞기 시작하고 대화가 갈등으로 번지기도 한다. 사람들이 정류장에서 줄지어 선 가운데 버스가 들어오지만, 정류장에 서지 않고 그냥 지나간다.

계속해서 버스가 정류장에 서지 않고 통과하자 사람들의 불만이 치솟고 어떻게 해야 하는지를 두고 언쟁을 벌인다. 그러면서 각자의 신세 한탄이 터져 나온다. 아이 엄마는 "누가 우릴 여자로 만들었을까? 우린 운명적으로 기다려야, 한도 끝도 없이 기다려야 하나 봐."라고 말한다. 안경잡이는 "삶은 우리를 내몰아쳤어. 세상은 우릴 잊었고, 생명이란 것은 네 코앞에서 허무하게 흘러가 버렸고, 이해하겠어? 넌 이해 못 해. 넌 이렇게 아무렇게나 살 수 있지만 난 못해 …."라고 말한다.

마침내 버스 정류장이 바뀌었음을 사람들이 알게 되고 걸어서 시내에 가기로 하며 다음의 대화를 나누며 연극이 끝난다.

안경잡이: (아가씨를 바라보고, 따뜻하게) "우리 갈까요?"
아가씨: (끄덕이며) "음."
아이 엄마: "어머 내 가방?"

문화혁명의 하방에서 복귀한 작가는 1979년부터 87년 프랑스로 망명을 떠나기 전까지, 금지의 한이라도 풀려는 듯 많은 작품을 쏟아냈다. 사회주의 리얼리즘을 비판한 〈현대소설기교시론〉(1981년)과 중국 체제를 풍자한 〈버스 정류장〉(1983년)이 대표적이다. 유화정책에도 불구하고 가오싱젠이 과도하게 반체제적이라고 판단한 중국 정부는 다시금 그의 작품 세계를 비판하며 그의 작품이 무대에 올려지는 것을 금지했다. 노벨문학상을 받은 게 2000년이고, 망명 이후 프랑스 국적을 받은 게 1997년이어서 그는 중국 작가가 아니라 프랑스 작가로 노벨문학상을 수상했다. 어차피 중국에서 그의 작품을 읽을 수 없긴 하나 애매한 상황이다.

망명 이후 프랑스어로도 글을 쓰고 있으나, 노벨문학상은 〈영혼의 산(灵山)〉 등 중국어 작품으로 받았다. 스웨덴 한림원이 밝힌 노벨문학상 수여 사유는 "보편적 타당성과 날카로운 통찰력, 언어적 독창성으로 가득한 작품을 통해 중국 소설과 희곡의 새 지평을 열었다."다. 중국 정부가 그를 중국 작가로 취급하지 않고 있기에 중국어로 글을 쓰지만 중국인이 아닌 독특한 작가인 셈이다. 작가의 또 다른 희곡 〈야인〉은 1985년에 처음 공연되었으나, "사회주의를 오염시킨다."는 이유로 이듬해에 공

청년: (경쾌하게) "제가 메고 있어요."

아이 엄마: (노인에게) "발밑을 조심하세요." (가서 노인을 부축한다.)

노인: "고마워요." 사람들 서로 끌어주고 부축하며, 함께 떠나려 한다.

마주임: "어이, 어이 …. 기다려요. 기다려. 신발 끈 좀 묶고."

생각거리

- '버스 정류장'은 무엇인지, 또 승객 각각은 어떤 입장을 대표하는지 생각해 보자.
- 〈고도를 기다리며〉와 〈버스 정류장〉을 비교해 보자.

연이 금지됐다. 가오싱젠은 "나는 그때부터 중국의 독자와 관객을 모두 잃었다."라고 말했다.

〈버스 정류장〉은 부조리극으로 분류되어 사무엘 베케트의 〈고도를 기다리며〉와 자주 비교된다. 두 작품 모두 부조리극인 만큼 공통점이 많지만 결말에서 결정적인 차이를 보인다. 〈고도를 기다리며〉에서는 끝까지 기다리고, 기다림을 중단하자는 말까지 하지만, 결코 기다림을 그만 두지 않는다. 그러나 〈버스 정류장〉은 기다리던 사람들이 마지막에 시내에 간다는 모두의 목적을 각인하고 하나가 돼 떠난다. 개인으로서 각성만 있는 것이 아니라 서로를 격려하는 연대 의식 속에서 출발하는 모습을 보여 주기에 부조리극이라고 하기 힘들 수도 있다. 순응하는 태도에서 벗어나 주체적으로 움직이며 함께하려는 태도가 중국 정부엔 불편했을 것이다. 자유를 추구하고 변화를 찾는 모습은 권장할 만한 문학의 주제이지만, 현재의 중국엔 용인되지 않는 듯하다. 가오싱젠이 다시 중국 문학에 편입되는 날을 기대한다.

Part 2

영미

내가 죽어 누워 있을 때

윌리엄 포크너(1897~1962년, 미국 · 1949년 수상)

단연 미국 문학을 대표하는 작가. 남북전쟁에서 남군에 가담한 게릴라 부대를 지휘했던 가문 출신으로 남부 미시시피주 뉴 올버니에서 태어났으나 어릴 때 가족이 같은 주 옥스퍼드로 이사한 후 그곳에서 생애 대부분을 보냈다.

평생 남부 미국인으로 살고자 한 포크너의 소설은 남북전쟁과 재건기 남부의 전통적인 가치와 그 쇠락을 소재로 문제적이고 구조적인 혁신을 이루어 현대 미국 문학의 지평을 개척하고 확장했다는 평을 받는다. 제임스 조이스, 버지니아 울프의 대서양 오른쪽 모더니즘에 대응하는 대서양 서편 모더니즘의 대표자다. 마크 트웨인 같은 남부 작가군, 어네스트 헤밍웨이 등 로스트 제너레이션 작가군에 허먼 멜빌 등을 망라해 그중 포크너를 가장 위대한 미국 작가로 평가하는 의견이 많다. 더불어 미국 문학을 세계에서 우뚝 서게 했다는 평가도 받는다. 장편, 단편을 가로지르며 〈내가 죽어 누워 있을 때〉 〈소리와 분노〉 〈성역〉 〈8월의 빛〉 〈압살롬, 압살롬!〉 등 방대한 작품을 남겼다.

헐리우드에서 각본을 쓰기도 했다. 레이먼드 챈들러의 소설을 하워드 혹스가 영화화한 〈빅 슬립〉이 가장 유명하다.

가난한 농부 앤스 번드런의 아내이자 다섯 남매의 어머니인 애디는 임종을 앞두고 있다. 애디의 죽음을 앞둔 가족의 반응이 기이하다. 무능하고 책임감 없는 남편은 아내의 죽음을 거의 방관하며 나 몰라라 하는 듯하다. 맏아들 캐시는 앓아누운 어머니의 창밖 앞마당에서 장례에 쓸 관을 만드는 목공에만 몰두한다. 둘째 아들 주얼은 가족의 일보다는 자기의 말[馬]에 더 큰 관심을 쏟는다. 셋째 아들 달은 자기에겐 어머니가 없다는 말을 반복하며 어머니의 죽음을 애써 외면한다. 고명딸 듀이 델은 다른 이유로 어머니의 간병과 장례에 정성을 쏟지 못하며, 막내아들 바더만은 죽음을 이해하기에 너무 어리다.

집 근처의 가족 묘지를 마다하고 친정이 있는 제퍼슨에 자신을 묻어 달라는 애디의 유언이 이 소설 전개의 발화점이 된다. 마침내 애디가 숨을 거두자 장례를 마친 번드런 가족은 애디를 거둔 관을 마차에 싣고 매장지를 향해 떠난다.

여행은 고난의 연속이다. 홍수로 불어난 강을 건너다 애디의 관이 물에 떠내려간다. 캐시가 관을 건져 내다가 다리를 심하게 다친다. 하룻밤 쉬어 가던 농가에서는 관을 보관한 헛간에다 달이 불을 지른다. 달은 정신이 이상한 인물로 묘사된다. 애디의 관은 거의 탈 뻔하지만 주얼이 목숨을 걸고 구해낸다.

여러 사건을 거치면서 번드런 가족은 서로의 비밀에 조금씩 접근한다. 소설의 3분의 2쯤에 등장하는 (살아 있을 때의) 애디의 진술은 기괴한 장례 여행의 실체를 짐작할 수 있게 해준다. 애디는 남편 앤스와 사랑이 거짓이었으며, 진정한 사랑을 찾아 마을 목사와 불륜을 맺었고, 자식 중에서 목사와 사이에 태어난 주얼만을 사랑했다고 말한다.

여행이 끝나가면서 애디의 관과 캐시의 다리는 만신창이가 된다. 달이 방화죄로 끌려가고 듀이 델은 임신을 영원히 감추기 위해 낙태를 시도하나 돌팔이 약사에게 사기를 당한다. 천신만고 끝에 40마일을 이동해 도착한 제퍼슨에서는 예상하지 못한 반전이 일어난다.

앤스가 온 가족을 경악게 할 일을 저지른다. 어렵게 마련한 여행 자금 중 남은 돈을 털어 의치를 해 넣고는 새 여자를 데리고 나타난다. 번드런가 자녀들이 새어머니가 될 여자를 만나는 장면에서 이야기가 끝난다. 마지막 화자는 캐시로 "비열하면서도 당당하게, 우리를 바라보지 않은 채 아버지가 우리를 소개한다. 그는 이제 의치도 있고 모두 다 가진 듯하다. '얘들아. 새엄마, 번드런 부인이다.' 아버지가 말한다."

"이 소설은 나를 일으켜 세우거나 거꾸러뜨릴 것이다."

윌리엄 포크너가 〈내가 죽어 누워 있을 때〉를 두고 한 말이다. 삶과 죽음의 대비 속에서 등장인물 15명의 독백 59개로 완성한 한 가족의 괴상망측한 오디세이다. 생계를 위해 미시시피 대학의 전기 발전소에서 근무하는 틈틈이 윙윙거리는 기계 소리를 들여가며 쓴, "첫 단어를 쓰기 전에 이미 마지막 단어를 머릿속에서 끝맺은" 완벽한 기획 아래 실험 정신을 발휘해 탈고한 이 작품은 포크너를 문학사의 거장 반열에 올렸다. 포크너는 노벨문학상 수상식 연설에서 "갈등에 빠진 인간의 마음이야말로 글을 쓸 만한 가치가 있는 유일한 것"이라고 말했는데 수상 연설의 취지에 정확하게 부합하는 소설이 〈내가 죽어 누워 있을 때〉다.

이 소설은 〈소리와 분노〉와 〈8월의 빛〉을 잇는 다리로, 평생 고향인 미시시피의 자연과 남부인(southerner)의 삶과 의식을 문학의 자양으로 삼은 작가 문학 세계의 정수다. 포크너는 미시시피에서 일생을 보냈고, 거의 모든 작품의 배경 또한 그곳이다. 공통의 배경으로 고향인 미시시피의 라파예트 카운티를 모델로 한 가상의 카운티 '요크나파토파'를 만들었다. 요크나파토파는 아메리카 원주민 언어 중 치카소 어로 '갈라진 땅'을 의미하며 넓이는 6,200제곱킬로미터, 인구는 1936년 기준 15,611명이며 이 중 흑인 인구는 9,313명, 백인은 6,298명이다. 남부의 가상 마을 요크나파토파에서 남부인의 몰락과 운명, 그들만의 독특한 정서를 표현했다.

〈내가 죽어 누워 있을 때〉 또한 미국 남부의 지방색을 짙게 드러내지만 동시에 특정한 시공간을 초월한 보편적인 주제를 그리는 데 성공한다. 미시적인 탐색으로 거시적인 보편성을 획득한 드문 문학적 성취다.

소설을 15명의 독백으로만 구성하면서 모더니즘의 대표 기법인 의식의 흐름, 치밀한 상징과 은유로 채워 넣어 난해한 작품으로 통한다. 소설의 골격에 해당하는 인물로 아내이자 어머니인 애디를 단 한 번밖에 등장시키지 않고, 결말 또한 허를 찌르는 등 작가의 재능을 내내 확인할 수 있다. 저명한 평론가 헤럴드 블룸은 "윌리엄 포크너는 헨리 제임스 이후 현대 미국 소설의 서사 구조에 혁신을 가져온 거장"이라고 평가했다.

앨프리드와 에밀리

도리스 레싱(1919~2013년, 영국 · 2007년 수상)

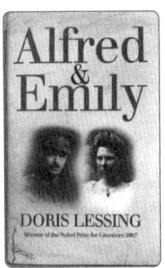

노벨문학상 받을 때 88살로 역대 최고령 수상자다. 부모가 영국인이었으나 특이하게 이란에서 태어났고 유년기를 아버지의 농장이 있던 남로디지아(짐바브웨)에서 보냈다. 13세에 정규 교육을 중퇴하고 독학으로 공부했다. 15세에 집을 나왔고 두 번째 결혼을 끝내고 1949년에 영국 런던에 왔다. 런던 이주 다음 해인 1950년에 첫 장편 〈풀잎은 노래한다〉를 출간했다. 이 소설은 남아프리카 백인 식민지 사회의 무사안일과 천박함을 고발해 레싱을 재능 있는 젊은 소설가로 주목받게 하였다.

레싱은 전후 가장 중요한 영국 작가 중 한 명으로 꼽힌다. 아프리카를 배경으로 한 초기작들에서 볼 수 있는 인종 문제부터, 페미니즘, 가족, 공산주의 등 20세기 인류 사회의 거의 모든 주제를 탐구하였다. 작가는 행동하는 진보적 지식인으로 공산주의 활동에 적극 가담하였으나 나중에 환멸을 느끼고 공산당에서 탈당한다. 사회성 짙은 레싱의 작품들에 그녀 삶의 행적이 반영됐다. 1950~1960년대 자유를 갈구한 여성 작가의 구체적인 일상과 분열된 자아상을 그린 〈금색공책〉은 〈제2의 성〉과 함께 페미니즘의 고전으로 자리 잡은 책이다.

〈앨프리드와 에밀리〉는 절반은 소설, 절반은 회고록으로 구성된다. 소설인 제 1부는 제1차 세계대전이 일어나지 않았다는 가정하에 전개된다. 말 그대로 픽션이다. 같은 마을에 사는 앨프리드와 에밀리는 잠시 호감을 느끼지만, 각자의 짝을 만나고 평생 친구로 남는다. 잘생긴 아마추어 크리켓 선수이자 농부인 앨프리드는 고향에서 농장을 일구며 야무진 아내, 쌍둥이 아들과 함께 화목한 가정을 꾸린다. 똑똑한 에밀리는 런던에 가서 간호사로 일하다 저명한 의사를 만나 결혼한다. 남편을 심장마비로 잃은 뒤 남편의 유산과 인맥을 활용해 교육 자선 사업가가 된다.

세계대전에 휘말린 실제 역사와 달리 영국은 평화 속에서 번영을 지속하고 두 사람도 100% 만족할 순 없지만 무난한 삶을 살아간다.

제2부는 부모와 작가 자신이 실제로 경험한 현실의 삶이다. 넌픽션이다. 제1차 세계대전 부상병(앨프리드)과 간호사(에밀리)로 페르시아의 병원에서 만나 결혼한 부모는 옥수수를 키워 부자가 될 수 있다는 제대 군인을 겨냥한 선전에 현혹돼 영국령 남로디지아로 이주한다. 그러나 아프리카 농장은 생각한 성공을 꿈꾸기엔 너무 작고 어정쩡해 시간이 지남에 따라 탈출해 영국으로 돌아가는 것이 가족의 목표가 된다.

전쟁에서 한쪽 다리를 잃어 나무 의족을 사용하는 아버지는 끔찍했던 경험을 끊임없이 주변 사람들에게 이야기하며, 나중에는 당뇨병까지 생겨 괴로운 말년을 보낸다. 식민지에서 화려한 삶을 꿈꾸었으나 영국 중산층의 삶조차 어렵다는 사실을 자각한 어머니는 남편과 자식을 돌보느라 자기 시간을 갖지 못한다.

보상심리인지 어머니는 자식들에 지나치게 집착하고 이로 인해 레싱과 남동생은 오히려 어머니에게서 멀어지게 된다. 부모가 살았던 에드워드 시대 영국과 작가가 유년시절을 보낸 아프리카 식민지의 생활상을 보여주면서 찬란한 대영

제국이 전쟁을 겪으며 무너져내리고 환상에 젖어 식민지로 떠났던 영국인들이 좌절하는 모습을 실감 나게 그린다. '모든 전쟁을 종식할 전쟁'이라는 제1차 세계대전이 끝나고 곧이어 제2차 세계대전이 발발하여 남동생이 참전한다. 부자 2대에 걸쳐 전쟁에서 상처를 입는다.

그러나 1부의 삶이 마냥 행복하지만은 않았고, 2부의 삶이 그저 비극적이기만 한 것은 아니었다. 특히 레싱에게는 본국에서 정상적으로 정규 교육을 받은 또래 아이들과는 전혀 다른 경험이 주어진다. 식민지의 유년시절은 레싱이 이후 인종, 계급, 성별의 격차에 항거하는 지식인이 되는 자양분이 된다.

〈앨프리드와 에밀리〉는 도리스 레싱의 마지막 작품이자 특이한 구성이 돋보이는 작품이다.

말년의 레싱이 평생 이해하려고 애쓴 부모, 특히 어머니에게 건네는 화해의 시도이자 결국 자기 자신과 화해다. 이 작품은 부모의 전기인 동시에 작가 자신의 전기로 보아야 한다. 작가는 "여전히 이렇게 나는 그 무시무시한 유산에서 헤어나려고, 자유로워지려고 애쓰고 있다. (…) 내가 글로 쓴 그대로의 그들을 만날 수 있다면, 그들이 내가 빚어준 삶을 마음에 들어 한다면 좋겠다."라고 말한다.

전원 풍경이 펼쳐지는 따스하고 평화로운 분위기의 1부에서 아버지는 전쟁이 남긴 부상과 병으로 고생하다 죽은 실제 삶과 달리, 그의 평생소원이었던 영국 농부로 살며 장수하다 세상을 떠났다. 우아한 생활의 희망을 충족하지 못하고 자식에 대한 집착으로 평생 괴로워한 어머니는, 소설 속에서 자신의 자녀가 없지만 수많은 아이의 미래를 바꾼 자선사업가로서 사교계에서 존경받는 사람으로 묘사된다.

어린 시절 레싱은 아버지의 전쟁 경험담이 듣기 싫어 귀를 막으면서도, 아버지의 이야기는 고통과 두려움을 극복하는 수단이라며 그 정당성을 인정했다. 그러나 어머니

- 논픽션과 픽션을 나란히 배치해 작품을 만들면서 얻게 되는 효과는 무엇일까?
- "나는 어머니(혹은 아버지)처럼 되지 않겠어."라고 다짐하지만, 결국 그 삶을 이해하게 되는 계기는 무엇일까?

에게는 관대하지 않았다. 어머니에게도 그녀의 이야기를 들어줄 사람이 필요했지만, 레싱은 자신과 남동생에게 집착하는 어머니에게서 벗어나려고만 했다. 세상의 다른 딸들처럼 '나는 어머니처럼 되지 않겠어'라고 되뇌었고 어머니를 적대했다. 아버지뿐 아니라 어머니 역시 시대가 낳은 피해자였음을 인정한 것은 작가가 삶을 한참 겪은 후의 일이었다. 이 소설을 발표한 2008년이면 작가의 나이가 90살에 가까웠다.

작품의 형식에 주목해야 한다. 픽션과 넌픽션을 한 권에 담은 참신한 구성이 이 소설의 매력을 배가한다. 배치 순서도 효과적이었다. 넌픽션이 먼저였다면 픽션이 밋밋하게 느껴졌을 터다. 중간중간 등장하는 흑백사진. 제1부의 끄트머리에 있는 '설명'이라는 글 등 형식적 실험이 노년의 대가 글을 더 흥미롭게 만든다. 소설 따로, 회고록 따로 각각 출간했다면 감동과 재미가 덜했을 것이다. 두 가지 성격의 글이 하나로 엮여 조화하면서 특별한 문학적 성취를 이룬다.

빌러비드

토니 모리슨(1931~2019년, 미국 · 1993년 수상)

미국 오하이오 출생. 어린 시절 제인 오스틴과 톨스토이의 책을 즐겨 읽었고, 선박 용접공이었던 아버지가 흑인 사회의 전설을 자주 들려주었다.

'흑인들의 하버드'로 알려진 하워드 대학교를 거쳐 코넬대학교에서 영문학 석사 학위를 받았다. 대학 강사를 거쳐 1965~1983년 랜덤하우스에서 편집자로 일했다. 1970년 〈가장 푸른 눈〉으로 데뷔. 〈술라〉〈솔로몬의 노래〉 등을 발표하다가 편집자 일을 그만두고 집필에 전념했다. 1987년 다섯 번째 소설 〈빌러비드〉로 퓰리처상과 전미도서상을 받았다. 1998년에 〈빌러비드〉가 영화로 만들어졌다.

여섯번째 소설 〈재즈〉(1992년)는 문학 비평서 〈어둠 속의 유희〉와 함께 뉴욕타임스 베스트셀러 소설 및 비소설 부문에 동시에 올랐다. 한 작가의 작품이 동시에 다른 부문에서 베스트셀러를 기록한 첫 사례였다.

1989~2006년 프린스턴 대학교에서 인문학 석좌교수로 재직했다. 2012년 버락 오바마 행정부로부터 대통령 자유 훈장을 받았다. 1993년 비(非)백인 여성 중에서, 또 아프리카계 미국인 중에서 최초로 노벨문학상을 수상했다.

1856년 1월 미국 켄터키주의 여성 노예 마거릿 가너가 임신한 몸으로 네 명의 자식을 데리고 얼어붙은 오하이오 강을 건너 신시내티로 도망쳤다. 친척의 집에 숨은 그녀를 노예 사냥꾼과 보안관이 찾아냈다. 체포돼 다시 노예로 끌려가게 된 그 순간 그녀는 두 살배기 딸의 목을 베었다. 자식을 노예로 살게 하느니 차라리 자기 손으로 죽이겠다는 생각에서였다.

소설 〈빌러비드〉의 소재로, 미국 노예제의 역사에 남은 가장 충격적인 사건의 하나다. 소설에서 마거릿은 세서로 변한다. "124번지는 한이 서린 곳이었다. 갓난아이의 독기가 집안 가득했다. 그 집 여자들은 그걸 알고 있었고 아이들도 마찬가지였다."로 소설이 시작한다. 세서는 스위트홈이라는 플랜테이션 농장을 탈출한 노예 출신 흑인 여성이다. 이곳에서 세서와 그녀의 딸 덴버가 세서가 죽인 갓난아이의 원혼과 함께 산다. 세서의 시어머니이자 덴버의 할머니인 베이비 석스가 같이 살았지만 지금은 세상을 떠났다.

시점은 덴버가 그 끔찍한 일을 저지른 뒤로부터 시간이 한참 흐른 뒤인 1873년이다. 죽은 딸의 묘비에는 '빌러비드(Beloved: 사랑받는 사람)'라는 묘비명이 새겨졌다. 자유를 찾아 탈출하며 데리고 나온 두 아들은 갓난아이의 원혼이 집안을 들썩이자 집을 떠났다.

세서와 덴버 모녀만 사는 집에 스위트홈에서 같이 살다가 탈주한 남자 노예 폴디가 갑자기 출현한다. 오랜 시간이 지나 세서를 찾아온 폴디는 덴버 아버지의 친구다. 폴디가 모녀에 합류하고 얼마 지나지 않아 빌러비드라는 이름을 가진 젊은 여자가 이 집에 나타난다. 이제 세서 죽은 딸의 환생으로 생각되는 빌러비드까지 네 명이 가족처럼 살아간다.

그러나 빌러비드에 강한 집착을 보이며 세서가 비정상이 되어 가자 폴디가 124번지를 떠난다. 세 여자, 즉 세서 · 덴버 · 빌러비드의 특별한 관계는 서로를 잠식하여 가정을 파탄 직전으로 몰아간다. 곤경에 처한 덴버가 세상으로 나가 흑인 공동체와 연결되고 어느 순간 빌러비드는 사라진다. 세서도 정상으로 돌아온다. 돌아온 폴디가 "당신이 당신의 보배야, 세서. 바로 당신이"라고 말하고 세서가 "나? 내가?"라고 반문하며 소설이 끝난다.

갓난아이의 환생으로 여겨진 신비스러운 처녀의 이름이면서 작품의 제목인 빌러비드는 신약성서 로마서 9장 25절에서 비롯했다. "내 백성이 아니었던 자들을 내 백성이라, 사랑을 받지 못하던 자들을 사랑하는 자라 부르리라."라는 성서 구절은 전체 주제를 잘 드러낸다.

모리슨은 〈빌러비드〉를 포함해 〈술라〉 〈재즈〉 등 그의 전 작품에 걸쳐 아프리카계 미국인의 집단적 기억과 어두운 역사를 기록하고 문학으로 만드는 데 힘을 쏟았다. 미국이란 나라의 가장 어두운 그늘인 노예제와 흑인 문제에 접근하는 그의 문학론은 백인을 비난하고 그들이 저지른 만행을 고발한다기보다 흑인의 주체성을 모색하며 미래의 길을 찾는 방식이다. 검은 피부로 하얀 가면을 쓰는 열등감이 아니라 검은 정체성을 회복해야 한다는 생각이다.

동시에 작가는 흑인 여성에 주목한다. 노예제가 작동하는 비참한 시기에 그들은 여성이란 이유로 또 어머니이어야 했기에 노예로서 감당해야 하는 강제노동과 폭력 외에 성적 억압과 모성애의 박탈까지 겪어야 했다. 보통의 결혼 대신 짝짓기가 주어졌다. 원하든 원하지 않든 자식을 낳아야 했지만 어머니가 되는 것은 포기해야 했다. 켄터키주의 여성 노예 마거릿 가너의 사건이 집필 동기였기에 소설의 시대 배경이 남북전쟁 직후가 된다. 노예라는 저주의 대물림을 끊어내기 위해 자식을 살해한 흑인 여성의 실화는 모리슨에 의해 새롭게 현재의 역사로 부활한다. 절망한 도망노예는 모성애를 기이한 방식으로 실현하고 자기 파괴로 스스로를 몰아붙인다.

- 이 소설은 출간된 지 20년이 안 된 소설로는 유일하게 미국 대학 교양과정 과목에 포함됐다. 이유를 생각해 보자.
- 노예제에서 흑인 남성보다 흑인 여성이 왜 더 큰 고통을 겪었을까?

여성의 소외는 지금도 이어진다. 미국 사회에서 흑인이 당하는 차별 속에 흑인 여성은 흑인 남성에 의해 다시 멸시당하며 상처를 입는다. 흑인 여성인 작가는 흑인 여성의 소외를 표현하면서 여성간의 화해를 동시에 추구한다.

'빌러비드'는 주인공 세서가 자신이 죽인 딸의 묘비에 고통스럽게 새긴 글자이자, 환생한 그녀 딸의 이름이 된다. '빌러비드'는 사랑받는 것과 무관한 삶을 산 흑인 여성 노예에 바치는 애도의 말이 된다. 더불어 성서에서 그 단어를 인용함으로써 현세의 고통이 하나님의 사랑으로 보상받기를 바라는 작가의 기원이 담겼다. 역사적 사건을 소설로 만들면서 원혼, 환생 같은 비현실적 소재를 끌어와 오히려 소설의 완성도를 높이고 사건에 휘말린 인물의 고통을 더 현실적으로 표현한 데에서 작가의 감각이 두드러진다. 로스앤젤레스 타임스는 "미국문학을 훌륭한 순서대로 꽂는 책장이 있다면 〈빌러비드〉가 맨 위 칸에 놓일 것"이라고 평가했다.

11

피그말리온

조지 버나드 쇼(1856~1950년, 영국/아일랜드 · 1925년 수상)

아일랜드 더블린의 프로테스탄트 집안에서 1남 2녀 중 막내로 태어났다. 가세가 기울며 10대 후반에 부동산 거래 회사 사원으로 일했지만 일에 흥미를 느끼지 못했다. 정규 교육을 많이 받지 않았고 독학으로 공부했다. 어린 시절 어머니와 함께 다니며 박물관과 미술관 등에서 보고 배운 것들이 작가의 풍성한 지적 자산이 되었다고 한다.

대영박물관의 도서실에 앉아 책을 읽고 소설을 습작하며 20대를 보냈다. 그러나 소설에서 별다른 재능을 발휘하지 못하자 희곡으로 방향을 바꾸었다. 〈워렌 부인의 직업〉〈인간과 초인〉 등의 작품을 통해 새로운 스타일의 희곡을 만들었고, 가난한 자와 여성의 권리를 옹호한 작가란 평가를 받았다.

서른 즈음에 이미 연극과 음악 분야에서 인정받는 비평가가 되었으며, 카를 마르크스에 심취해 사회주의자가 된 뒤 영국 페이비언 소사이어티에서 적극적으로 활동했다. 사회 현실을 풍자와 역사적 비유로 비판하는 60여 편의 희곡을 써서 20세기를 대표하는 영국의 극작가로 자리매김했다. 사회 현안에 목소리를 많이 냈고 때로 극단적인 의견을 내 논란의 중심에 서기도 했다.

참고: 1913년에 연극으로 처음 발표되었고 초판본은 남아있지 않다. 여기서는 1946년판을 소개했다.

밤 11시 15분 여름비가 퍼붓는 런던 세인트폴 교회 처마 밑으로 사람들이 비를 피해 모여든다. 그중에 주변의 어수선함과 담을 쌓고 공책에 무엇인가를 몰입해 적는 사람이 있는데, 음성학 교수인 히긴스다. 그는 한마디만 듣고도 말한 사람이 어디 출신인지 알아맞히는 능력을 갖춘 뛰어난 학자다. 그곳에서 인도에서 그를 찾아온 피커링 대령을 만나고, 두 사람은 길거리에서 꽃을 팔아 생계를 이어가는 빈민촌 소녀 일라이자를 목격한다.

우연한 만남에서 히긴스는 일라이자의 언어 구사에 분노한다. "(일라이자에게) 이봐. 그 혐오스러운 징징거리는 소리 당장 집어치워. 아니면 교회 같은 데나 가서 쉴 자리를 찾든지. (…) 그런 우울하고 역겨운 소리나 하는 여자는 어디에도 있을 권리가 없어. 살 자격도 없다고. 너는 영혼을 가진 인간임을 기억해. 신이 주신 똑똑하게 발음할 수 있는 능력을 가지고 있다고. 그리고 네 모국어는 셰익스피어와 밀턴 그리고 성서의 언어야." 이어 피커링에게 "천박한 영어를 하는 저 아이를 보십시오. 저 영어는 죽는 날까지 저 아이를 빈민굴에 처박혀 있게 할 겁니다. 자, 선생, 저는 석 달 안에 저 아이가 대사의 가든파티에서 공작부인 행세를 하게 할 수 있어요."라고 말한다.

히긴스로부터 "으깨진 배춧잎 같다."는 욕까지 먹은 일라이자는 다음날 히긴스의 사무실을 방문한다. 꽃집에서 일할 수 있도록 상류층 영어를 가르쳐 달라고 부탁한다. 마침 그 자리에 있던 피커링과 히긴스는 내기를 한다. 6개월 안에 그녀의 하층민 억양과 어휘를 고쳐 누구보다 완벽한 영어를 구사하는, 공작부인과 같은 기품을 갖춘 여인으로 만드는 것이 내기의 내용이다.

이후 전개는 단순하다. 히긴스는 일라이자에게 올바른 언어와 예의범절을 혹독하게 가르치고, 일라이자는 최선을 다해 따라온다. 점점 상류층 여성의 면모를 갖춘다. 그리하여 상류층 모임에서 같은 부류로 받아들여지고, 아무도 일라이자가 하층민 출신이라는 사실을 눈치채지 못한다.

교육이 성공적일수록 히긴스와 피커링은 만족하지만, 일라이자는 교육의 효과인지 자존감에 눈을 뜬다. "나는 꽃을 팔았지, 나를 팔지는 않았어요. 당신이 나를 숙녀로 만들어 버려서 나는 이제 어떤 것을 팔아도 어울리지 않아요. 나를 발견했던 그곳에 그대로 놔두지 그랬어요."라고 말한다. 이처럼 정체성의 갈등을 겪으면서 히긴스의 자신을 무시하는 태도에도 반감을 표시한다. 일라이자가 주체적이고 독립적인 삶을 찾아 떠나는 것이 결말이다. 확정적인 미래를 제시하지 않고 열린 결말로 마무리한다

셰익스피어 이후 최고의 극작가란 찬사를 받는 조지 버나드 쇼의 대표작. 로마 시인 오비디우스의 〈변신〉에 등장하는 피그말리온 이야기에서 착안했다. 신화에서 피그말리온은 자신이 만든 조각상과 사랑에 빠지지만, 작가는 〈피그말리온〉에서 이런 결말을 피했다. 공연 과정에서 남녀 주인공이 사랑으로 맺어지는 결말이 시도되자 쇼는 따로 〈피그말리온〉의 '후일담'을 써서 낭만적인 해피엔딩이 안 된다고 못을 박았다.

이 희곡은 빈민가의 소녀가 특별한 교육을 받아 상류층으로 진입하고, 삶이 통째로 뒤바뀌는 스토리를 담았다. 그러나 능력 있는 남자에 구제되는 신데렐라 이야기는 작가가 하려던 이야기가 아니다. 이 희곡은 영국 신분 질서의 실상과 계급제도의 모순을 비판한 작품이다. 〈피그말리온〉엔 특히 계급의 표지인 언어에 집중해 사회 문제를 파고드는 흥미로운 방법론을 택했다.

이 희곡에서 작가는 영국 사회의 현실을 관념극 형태로 제시함으로써 극장을 토론의 장으로 만드는 것을 노렸다. 계급, 교육, 언어 등 다양한 토론 주제가 가능하지만, 여성의 인권과 역량 개발이 꼭 포함돼야 한다. 여성 인권 신장을 적극 지지한 쇼의 입장은 당시 논란을 불러온 〈워렌 부인의 직업〉에서도 뚜렷했다.

길고 난해한 서문과 후일담을 배치한데다 대사도 쉬운 편이 아니지만, 공감 가는 인물 설정과 적절한 유머 감각으로 이 희곡은 작품성과 오락성을 모두 실현했다. 이에 따라 뮤지컬, 영화, 라디오, TV 등에서 후대에 새롭게 해석되어 작품으로 만들어지곤 했다. 대표적으로 1956년 뮤지컬 '마이 페어 레이디(My Fair Lady)'가 만들진 데 이어 1964년에는 오드리 헵번이 주연해 같은 제목의 영화로 제작되었다. '거리에서 꽃을 파는 여자'를 확대 해석한 줄리아 로버츠 주연의 〈프리티 우먼〉(1990년) 또한 〈피그말리온〉의 유명한 대중적 각색이다.

다만 작가의 반(反)로맨티스트 면모를 감안할 때 대중성에 맞춘 이러한 각색들에 대한 쇼의 반응이 좋지는 않았을 것으로 예상할 수 있으나, 사후의 일이라 확인할 수는 없다. 그럼에도 〈피그말리온〉에 어느 정도 낭만주의가 깃들었다는 지적이 가능한 이유는 작가의 치열함 뒤에 낭만이 엿보이기 때문이다. 참고로 "우물쭈물……"로 알려진 쇼의 묘비명은 실재하지 않는다.

노인과 바다

어니스트 헤밍웨이(1899~1961년, 미국 · 1954년 수상)

남성적인 기질의 소설가로 꼽힌다. 사냥꾼/모험가 기질의 아버지와 음악가 출신으로 예술가 기질인 어머니 사이에서 강인하고 조용한 성격의 아버지를 따랐고 아버지를 자신의 롤모델로 삼았다. 평생을 낚시와 사냥, 투우 등에 집착하는 등 행동하고 도전하는 진취적인 인생관을 지녔다.

고등학생 때 학교 주간지 편집을 맡아 직접 기사와 단편을 썼으며, 고등학교 졸업 후 대학교 진학을 포기하고 사회생활을 기자로 시작했다. 제1차 세계 대전시 입대하려고 했으나 시력이 나빠 신체검사에서 탈락했다. 대신 이탈리아 전선에서 적십자사 소속 구급차 운전사로 지원해 민간인 신분으로 참전했다. 두 달 만에 박격포탄 파편에 맞아 두 다리에 심각한 상처를 입었고, 병원에서 종전을 맞았다. 이후 신문사 특파원 자격으로 1차 대전 이후의 파리에 머물렀다.

소설 〈무기여 잘 있거라〉로 명성을 얻은 뒤, 스페인 내전에 종군특파원으로 활동하며 공화파를 지지하고 보수파인 프랑코군을 비판하는 글을 썼다.

노년에는 우울증과 정신착란에 시달렸다. 말년의 비행기 사고로 크게 다쳐 후유증까지 겹쳤다. 죽기 전까지 글이 마음먹은 대로 써지지 않는 걸 괴로워했다. 자살로 생을 마감했다.

주인공 산티아고는 쿠바섬 해변의 오두막집에서 혼자 사는 늙은 어부다. 고기잡이를 배우고자 그를 잘 따르는 마놀린이라는 소년이 유일한 친구다.

젊었을 때 힘이 장사였고 가장 솜씨 좋은 어부로 통했다. 세월이 흐르며 힘과 운세가 다했는지 84일이나 고기를 못 잡고 있다. 그곳에서 '살라오(salao)'라 불리는 불운이다. 마놀린의 부모는 살라오가 깃든 노인과 함께 아들이 바다에 나가는 것을 금지했다.

고기를 잡지 못한 85일째의 아침, 노인은 너덕너덕 꿰맨 돛을 단 작은 어선으로 먼바다로 나간다. 점심때쯤 어선보다도 2피트나 더 큰 엄청난 크기의 청새치가 낚시에 걸린다. 노인과 청새치 사이에 사투가 시작된다. 해 저문 9월의 추운 바다, 노인은 몸을 가누지 못해 쓰러지고 눈이 찢어져 피를 흘리기도 하며 고기와 싸운다.

이틀째 날 아침에도 고기는 여전히 힘이 세다. 노인은 소소하게 잡은 다랑어를 틈틈이 생고기로 먹으며 기력을 보충한다. 또 해가 지고 어두운 바다에 달이 떠오른다. 낚싯줄을 끊지 못한 청새치가 낚싯배를 끈다. 지쳐서 배 안에서 잠든 노인의 꿈속에 사자들이 나타난다.

사흘째 날의 해가 떠오른다. 노인은 지칠 대로 지쳐 있고, 청새치가 배를 중심으로 둥근 원을 그리기 시작하고 조금씩 해면으로 떠오르며 간헐적으로 뛰어오른다. 노인은 물고기의 거대한 몸통과 자줏빛 무늬를 똑똑히 볼 수 있다. 마침내 청새치의 배 옆구리에다 작살을 들이박는다. 노인은 사흘의 싸움 끝에 잡은 청새치를 배 옆에다 갖다 붙이고서 밧줄로 묶어 끌고 간다. 길이 5.5미터, 무게 700킬로그램의 대어였다.

노인은 살라오를 털쳐내고 대운이 들었다고 생각하지만, 돌아오는 길에 상처 입은 청새치의 피 냄새를 맡은 상어가 꼬인다. 최초의 상어를 격퇴하지만 이어 두 마리 세 마리로 늘고 밤이 되자 아예 떼로 몰려온다. 노인은 잡은 고기를 지키기 위해 다시 사투를 벌이지만, 청새치의 살은 점점 뜯겨나간다.

배가 해안에 돌아왔을 때 낚싯배엔 살이 완전히 뜯겨나가 앙상한 뼈만 남은 청새치의 흔적만 붙어 있다. 노, 작살 같은 어로 장비도 상어 떼와 싸우는 과정에서 모두 잃어버렸다. 부두에 닿자 노인은 돛을 내리감고서는 탈진한 몸을 이끌고 자신의 오두막으로 돌아간다. 물 한 잔을 마시고는 침대 위에 누워 깊이 잠이 든다. 사람들이 노인의 배에 붙어 있는 청새치의 뼈를 보며 놀란다. 소설은 다음의 문장으로 끝난다.

"(깊이 잠든) 노인은 (다시) 사자 꿈을 꾸고 있었다."

어네스트 헤밍웨이는 스콧 피츠제럴드 등과 함께 '잃어버린 세대(Lost Generation)'의 대표작가다. '잃어버린 세대'는 제1차 세계대전 이후에 파리에 체류하며, 파리의 풍요한 예술적 토양과 자유를 즐기면서 어울린 예술가 집단을 일컫는다. 이 말을 최초로 쓴 사람은 작가 거트루드 스타인이며, 헤밍웨이가 1926년 〈태양은 다시 떠오른다〉를 발표하며 이 소설의 서문에 언급하면서 공식화했다.

'잃어버린 세대'의 기수답게 〈노인과 바다〉〈무기여 잘 있거라〉〈누구를 위하여 종은 울리나〉 등 그의 작품 전반에서 허무주의 색채를 발견할 수 있다. 또한 강인한 남성성과 냉정하고 간결한 문체를 뜻하는 하드보일드 스타일도 유명하다. 미국 문학사를 19세기에 마크 트웨인과 허먼 멜빌이 대표한다면 20세기엔 헤밍웨이와 윌리엄 포크너가 있다는 게 일반적인 의견이다.

헤밍웨이의 대표작이자 마지막 소설인 〈노인과 바다〉(1952년)는 작가 특유의 소설 기법과 실존주의, 허무주의 등이 집약된 헤밍웨이 문학의 결정판이다. 망망대해에서 펼쳐진 노인의 사투를 통해 불굴의 의지를 보여주며 삶의 의미를 추적했다.

생각거리

- "폭력과 죽음의 그림자가 짙게 드리운 현실 세계에서 선한 싸움을 벌이는 모든 개인에 대한 자연스러운 존경심을 다룬 작품"이란 노벨문학상 선정 이유를 확인할 대목을 찾아보자.
- "인간은 파멸당할 수는 있을지 몰라도 패배할 수는 없어"라는 소설속 대사를 숙고해 보자.

자신의 작품이 "바다 위에 떠 있는 빙산과 같아서 8분의 1에 해당하는 부분만이 수면에 떠 있고 나머지 8분의 7은 수면 아래 가라앉아 있다."는 헤밍웨이의 말을 상기할 수 있는 작품이다. 〈누구를 위하여 좋은 울리나〉 이후 10여 년 동안 이렇다 할 작품 없이 작가로서 사형 선고를 받은 듯한 상황에서 〈노인과 바다〉로 작가의 생명력을 재확인하고 이후 삶을 마무리하기까지 과정이 작품과 닮았다.

〈노인과 바다〉는 인간과 자연의 대치를 그린다는 측면에서 그의 인생관과 닮았지만, 자연에서 인간이 거둔 승리가 일시적일 수밖에 없다는 깨달음을 보여주기에 작가 노년의 성숙을 보여준다. 헤밍웨이는 소설의 노인이기도 하지만, 동시에 노인이 잡은 청새치일 수도 있다. 각자가 주어진 위치에서 최선을 다할 뿐 결과는 장담할 수 없다. 청새치를 잡은 마초적인 승리도 일시적이어서 결국 승리는 과정으로만 기억될 수 있을 뿐이다.

13

고도를 기다리며

사뮈엘 베케트(1906~1989년, 아일랜드/프랑스 · 1969년 수상)

아일랜드 더블린 근교의 부유한 신교도 집안에서 태어났고, 트리니티 칼리지에서 프랑스 문학과 이탈리아 문학을 전공한 뒤 프랑스로 가서 파리 고등사범학교를 졸업했다. 졸업 후 모교인 파리 고등사범학교에서 영어 강사로 일하면서 비평과 시를 썼다. 아일랜드에 귀국해 트리니티 칼리지에서 프랑스어 강사로 활동하다가 이내 그만두고 작가로 경력을 다졌다. 1937년에 다시 프랑스로 옮겨가 정착한다. 제2차 세계 대전이 발발하며 아일랜드인으로서는 드물게 레지스탕스에 참여하였다.

전후인 1951~1953년 소설 3부작인 〈몰로이〉, 〈말론 죽다〉, 〈이름 붙일 수 없는 자〉를 발표했고, 1952년에는 부조리극의 대명사로 꼽히는 희곡 〈고도를 기다리며〉를 발표해 큰 명성을 얻었다.

구두점을 전혀 넣지 않은 산문을 발표하는가 하면, 입술만이 강조되어 보이는 희곡(〈Not I〉)을 집필하는 등 전위적이고 실험적인 작품을 썼다. 극작에 〈사이〉/(pause)를 처음 또 체계적으로 사용한 작가로 알려져 있다. 〈고도를 기다리며〉가 곳곳에 〈사이〉를 집어넣어 멈춤으로 의미를 만들어낸 대표적인 작품이다.

길에 나무 한 그루가 서 있고 저녁이다. 에스트라공이란 남자가 돌 위에 앉아 신발을 벗으려고 한다. 발 크기보다 신발이 작아서인지 기를 쓰고 벗으려고 하지만 실패한다. 같은 동작을 되풀이하는 중에 친구로 보이는 블라디미르가 등장한다.

에스트라공이 말한다. "안 되겠는데!" 영어 대사로는 "Nothing to be done."이다. "되는 일이 없네" 또는 "안 벗겨지네"로 번역해도 된다. 희곡의 가장 첫 대사이며 극중에서 반복된다. 대사 앞의 지문은 (다시 단념하며)로, 영어로는 (giving up again)이다. 첫 지문과 대사, 상황 설명까지 높은 상징성을 지닌다.

에스트라공과 블라디미르는 그곳에서 고도라는 이름의 사람을 기다린다. 고도가 누구인지, 어떻게 생겼는지, 왜 기다리는지 모른 채 고도를 기다린다. 고도가 실제로 있는지도 확신하지 못한다. 두 사람은 이야기를 나누지만 대화라기보다는 둘이 하는 독백처럼 이야기한다.

그러다가 포조와 그의 짐꾼 럭키가 등장해 함께 이야기한다. 마찬가지로 의미 없고 이상한 말을 주고받을 뿐이다. 사람이 아니라 벽에다 말하는 듯한 느낌이다. 갑자기 양치기 소년이 나타나 그들에게 고도 씨가 내일 올 것이라고 전한다.

2막으로 구성된 희곡에서 1막이 끝나고 2막이 시작하고도 비슷한 내용이 전개된다. 그러나 주의 깊게 살펴보면 변화가 없는 것은 아니다. 겉보기에 변화가 없는 듯한 다음 날의 2막 상황이 더 기이한 분위기를 만든다. 양치기 소년이 다시 등장하여 고도에 관해 블라디미르와 대화를 나눈다. 블라디미르는 고도의 수염 색깔을 묻고, 양치기는 하얀 수염 같다고 대답한다. 블라디미르는 자신을 만났다는 사실을 고도에게 전해달라고 소년에게 부탁한다.

양치기가 떠나고 잠에서 깬 에스트라공이 블라디미르에게 고도가 왔었는지를 묻는다. 두 사람은 내일도 고도를 만나러 여기 와야 한다는 사실을 기억하고 서로에게 상기시켜준다. 둘은 나무를 쳐다보며 거기에다 목이나 맬까를 검토한다. 끈이 없다는 걸 깨닫고 내일 끈을 챙겨와 고도가 안 오면 목을 매자고 얘기한다.

에스트라공이 블라디미르에게 가자고 말하자, 블라디미르는 에스트라공에게 바지를 추켜올리라고 말한다. 잠깐 침묵하다가 이번엔 블라디미르가 에스트라공에게 가자고 말하고, 에스트라공이 그러자고 대답한다. 둘은 그러나 움직이지 않는다.

베케트의 대표작이자 부조리극의 대명사. 〈고도를 기다리며〉란 제목은 '기다림'과 '고도'로 이루어졌는데, 둘 다 미궁에 빠져 있다. 왜 기다리는지, 고도라는 존재가 무엇을 상징하는지 논란만 무성하다.

희곡은 물론 연극 공연까지 이 작품은 기존의 모든 전통적인 기대를 깨버렸다. 〈고도를 기다리며〉에서는 아무 일이 일어나지 않는다. 상식적이지 않을뿐더러 우스꽝스러운 인물들이 등장해 허튼소리를 내뱉는다. 두 주인공의 대화가 극의 중심이지만 순서상 말을 주고받을 뿐 대화라고 하기 힘들 때가 많다.

이러한 구성은 〈고도를 기다리며〉가 부조리극을 표방하기 때문에 어쩔 수 없다. 부조리극의 관점은 인간과 세계의 의미를 확정하기 힘들다는 데에 있다. 답을 구하지 않고 문제를 구한다고 보아 무방하다. 답을 얻는 건 애초에 불가능하고 문제라도 찾을 수 있다면 다행이라고 믿는다. 이 작품에서 보듯, 그리하여 일종의 염세주의와 무거운 유머가 뒤섞여 나타난다.

베케트의 생각은 알베르 카뮈의 부조리 철학과 맞닿는다. 인간은 삶에 의미를 부여하려 하지만, 세계는 침묵한다. 카뮈가 말한 부조리의 감정은, 세계의 불합리한 침묵

앞에서 절절한 호소를 그치지 않은 인간이 느끼는 감정이다. 〈고도를 기다리며〉에서는 기다림으로, 까뮈의 〈시지포스 신화〉에서는 언덕으로 바위를 밀어 올리는 행위로 형상화한다.

이 연극이 처음 상연되었을 때 대중은 물론 평론가들로부터 좋은 평가를 받지 못했다. 여성 출연자가 없다는 이유로 교도소에서 열린 공연에서는 수감자들로부터 열렬한 호응을 얻었다고 한다. 감옥 안이란 관객의 상황 또한 호응의 원인일 수 있다.

이 작품의 주제가 무엇인지, 고도는 무엇을 뜻하는지에 수많은 의견이 있었다. 가장 흔한 해석이 고도를 신(神)으로 받아들이는 것이다. 고도(Godot)라는 단어가 신을 의미하는 영어와 프랑스어 단어 God과 Dieu의 합성어라는 시각이 대표적이다. 베케트는 "이 작품에서 신을 찾으려 하지 말라"고 말했다. 부조리 철학 및 실존주의와 연관 짓는다면 신 외의 다양한 해석이 가능하다. 무엇을 발견할지는 독자의 몫이자 권리다.

밤으로의 긴 여로

유진 오닐(1888~1953년, 미국 · 1936년 수상)

뉴욕 브로드웨이의 호텔 방에서 태어났다. 순회극단의 배우인 아버지를 따라 가족이 호텔을 전전하며 살았기 때문이다. 프린스턴 대학교에 입학했다가 퇴학당하고, 이후 6년을 바다에서 선원 일을 하거나 남미와 뉴욕에서 부랑자로 떠돌았다. 하버드대 희곡 창작 강좌에서 습작 활동을 거친 후 오닐은 왕성한 작품 활동을 통해 현대극의 여러 형식을 실험하며 〈밤으로의 긴 여로〉를 비롯, 〈느릅나무 밑의 욕망〉 등 많은 작품을 써냈다.

개인사가 불행한 것으로 유명한 작가다. 아버지에 대한 증오와 불신으로 얼룩진 유년을 보냈음에도 자신 또한 세 번의 결혼에서 얻은 자식들과 관계가 원만하지 못했다. 오닐의 재능을 물려받아 예일 대학교 영문학 교수가 된 장남은 권총으로 자살했다. 차남 역시 마약 중독에 빠졌다가 절연당하고 자살로 생을 마감했다. 딸 우나가 작가 자신보다 한 살밖에 안 어린 늙은 찰리 채플린과 결혼하자 의절해 버렸다. 육체적으로는 알코올 중독 합병증으로 세상을 떠난 형처럼 끊임없이 술의 유혹에 시달렸으며, 말년에는 소뇌 퇴행성 질환으로 마비 증세와 우울증을 겪었다.

오닐의 개인사로 거의 그대로 담은 희곡이어서 〈밤으로의 여로〉를 이해하려면 그의 삶을 살펴보아야 한다. 아버지 제임스 오닐은 가족과 함께 1848년 아일랜드 감자 대기근을 피해 미국으로 떠나온 이민자였다. 제임스 오닐의 아버지, 즉 유진의 할아버지는 미국에 온 지 1년 만에 아내와 자식들을 미국에 두고 조국으로 돌아갔고, 그곳에서 세상을 떠났다.

낯선 땅에 남겨진 가족이 어떤 곤궁에 처했을지 충분히 짐작할 수 있다. 뼈저린 가난 속에서 성장한 제임스는 연극 쪽에 재능을 발휘해 셰익스피어 전문 배우로 인정받지만 우연한 기회에 '몬테크리스토 백작' 주인공을 연기해 부와 명성을 얻는다. 돈에 눈이 어두워진 제임스는 25년을 미국 전역을 돌며 6000회 이상 순회공연을 한다. 셰익스피어와 거리가 먼 돈벌이 배우로 전락한 셈이다.

순회공연 중에 중산층 출신의 엘라 퀸랜을 만나 부부가 되고 유진 등 자녀를 낳았지만, 행복과는 거리가 먼 가정이 된다. 미남 배우 제임스와 사랑에 빠져 수녀가 되겠다는 자신의 꿈을 접고 그와 결혼한 유진의 어머니는 싸구려 호텔을 전전하는 외롭고 불안정한 생활에 곧 염증을 느끼게 된다. 게다가 남편은 어릴 때 경험한 지독한 가난 때문에 가족에게 병적으로 인색하게 굴었다.

친정어머니에게 맡겨두었던 둘째 아들 에드먼드가 홍역으로 죽자, 자신과 남편과 홍역을 옮긴 큰아들 제이미를 원망하게 된다. 그러던 중 셋째 유진을 낳고 산후 통증이 가시지 않자 호텔의 주정뱅이 돌팔이 의사에게서 모르핀 주사를 맞게 된 후, 자신도 모르게 모르핀에 중독된다. 극에는 유진이 죽고 에드먼드가 셋째로 태어난 것으로 돼 있다.

작품의 시간 배경인 1912년은 어머니 엘라의 중독 증세가 호전되어 요양원에서 돌아오고 유진이 방랑 생활을 접고 신문사에 기자 겸 기고가로 입사한 시기다. 극에서 티론(오닐) 가족은 그들의 유일한 집인 여름 별장에 모여 모처럼 정상적인 가족의 모습으로 생활한다. 그러나 커튼처럼 드리워진 자욱한 안개와 음울한 무적이 암시하듯 1막부터 이들은 막연한 두려움에 사로잡혀 있다. 이미 어머니 메리(엘라의 극중 이름)는 다시 모르핀을 맞기 시작했고, 단순한 독감인 줄 알았던 에드먼드의 병은 심각해진다. 태연함을 가장하던 가족은 두려운 현실을 부정하려고 메리는 마약에서, 아버지와 두 아들은 술에서 도피처를 찾는다.

오닐은 자신의 많은 작품 가운데 〈밤으로의 긴 여로〉를 '피와 눈물로 점철된 오랜 슬픔의 연극'이라고 평했다.

〈밤으로의 긴 여로〉는 미국 현대연극의 아버지로 불리는 유진 오닐의 대표작이다. 가난하고 무지한 아일랜드 이민자로 돈에 대한 집착을 버리지 못해 파멸해가는 배우 아버지, 마약중독자 어머니, 알코올과 여자에 빠져 하루하루를 보내는 형, 결핵을 앓는 시인 동생 등이 등장인물이다. 작가의 자전적 이야기를 보편적인 문학적 진실로 승화한 예술작품으로 평가받는다. 병마와 싸우며 완성한 오닐의 마지막 희곡이자, 회고록이며 가족과 자신의 삶에 대한 위로와 용서를 담아냈다.

부인 칼로타의 회고에 따르면 오닐은 이 작품을 쓸 때 "들어갈 때보다 10년은 늙은 듯한 수척한 모습으로, 때때로 울어서 눈이 빨갛게 부어서" 작업실에서 나오곤 했다. 탈고한 뒤 오닐은 자신의 사후 25년 동안은 발표하지 말고 그 이후에도 절대 무대에 올려서는 안 된다는 조건을 달았다.

4막에서 에드먼드는 아버지에게 "이 빌어먹을 집구석에선 이해를 해줘야지 안 그러면 돌아버린다."라고 말한다. 아버지의 인색함은 가난 탓으로, 어머니의 마약중독은 돌팔이 의사 탓으로, 제이미의 냉소주의와 뒤틀린 질투는 인생의 좌절 탓으로, 에드먼드의 병적인 비관주의는 다우슨, 니체, 보들레르 탓으로 돌려진다. 식구들마다 마

- '밤으로의 긴 여로(Long Day's Journey into Night)'라는 제목에서 '밤'은 무엇을 상징할까?
- 작가의 개인적 체험이 문학으로 인정받기 위해선 어떤 요소를 갖춰야 할까?

약이나 술기운을 빌려 자신을 변호하는 장광설을 늘어놓고, 때로 서로에게 피붙이다운 연민과 애정을 느끼기도 하지만, 서로를 잔혹하게 할퀴고 증오한다. 티론 가족은 서로를 이해하면서도 끝내 화해하지도 상대를 구원하지도 못한다.

분명 희곡은 비극적이지만 비극성만을 담지는 않았다. 이미 이 세상 사람이 아닌 가족을 바라보는 깊은 연민과 이해와 용서가 느껴지는 작품이다. 작가는 메리의 입을 빌려 이렇게 말한다.

"운명이 저렇게 만든 거지 저 아이 탓은 아닐 거야. 사람은 운명을 거역할 수 없으니까. 운명은 우리가 미처 깨닫지 못하는 사이에 손을 써서 우리가 진정으로 원하는 것과는 거리가 먼 일들을 하게 만들지."

칼로타는 오닐 사후 고인의 뜻을 따르지 않고 1956년 스웨덴의 왕립극장에서 〈밤으로의 긴 여로〉를 초연하게 했다. 뉴욕 공연에서 "스트린드베리가 대사를 쓴 도스토옙스키의 소설 같다."는 찬사를 받았다. 오닐은 보스턴의 한 호텔에서 쓸쓸히 죽음을 맞이하며 "빌어먹을 호텔 방에서 태어나 호텔 방에서 죽는군."이란 말을 남겼다고 한다.

분노의 포도

존 스타인벡(1902~1968년, 미국 · 1962년 수상)

미국 캘리포니아주 살리나스에서 태어났다. 아버지는 독일계였고, 어머니는 아일랜드계였다. 초등학교 교사 출신인 어머니의 영향으로 어려서 책을 가까이했다. 스탠포드 대학교에 입학했지만 가정 형편이 어려워 목장, 도로 공사장, 제당 공장 등에서 아르바이트를 했다. 문학, 생물학, 그리스 고전 등을 공부하고, 도스토옙스키, 플로베르, 조지 엘리엇, 토마스 하디 등을 읽으며 단편소설과 시를 발표하여 작가의 꿈을 키웠다. 경제적인 이유로 대학을 자퇴하고 〈아메리칸〉지에 기자로 취직했지만 '주관적인 글'을 쓴다는 이유로 해고당했다. 이후 막노동으로 생활했다.

노동쟁의를 다룬 소설 〈승산 없는 싸움〉(1936년)이 베스트셀러가 되어 이름을 알렸고, 〈생쥐와 인간에 대하여〉(1937년)라는 작품은 희곡으로 각색되어 뉴욕에서 공연되었다. 이 희곡을 쓴 뒤에 스타인벡은 차를 사서 그 차를 타고 미국을 여행한다. 오클라호마 주 이주민들 속에 끼어 서부로 간 이 경험이 〈분노의 포도〉(1939년) 집필로 이어졌다.

〈분노의 포도〉는 당시 시대 상황과 맞물려 격렬한 논쟁을 불러왔고 캘리포니아와 오클라호마 법정에서 금서 판정을 받았다. 동시에 단기간에 베스트셀러가 되기도 했다.

"하늘은 온통 어두워졌고, 그 사이로 시뻘겋게 빛나는 태양이 보였다. 공기는 소름이 돋아날 만큼 쌀쌀했다. 밤이 되자 더더욱 맹위를 떨치며 지상을 내달리는 바람이 어린 옥수수 뿌리 사이를 빈틈없이 파헤쳤다. 옥수수는 약해진 잎사귀로 사력을 다해 바람에 맞섰지만, 결국 뿌리들은 억지로 비집고 들어오는 바람의 힘을 못 이기고 허공에 뜨고 말았다. 이렇게 되니 줄기도 모두 맥없이 기울며 지면을 향해 쓰러져 바람의 방향을 알렸다. (…) 쓰러진 옥수수 위를 바람이 오열하며 스쳐 지나갔다. 남녀 할 것 없이 집안에서 바싹 붙어 앉아 있었다. 밖으로 나갈 때는 코에 손수건을 대고, 눈을 보호하기 위해 먼지막이용 안경을 썼다. 다시 밤이 찾아왔을 때, 그것은 그야말로 암흑이었다."

1933년부터 3년을 미국 중부에 한발과 모래 폭풍이 있었다. 자연재해는 근근이 살아가던 농민들에게 결정타였다. 흉년이 들어 은행 이자를 갚지 못한 농민들이 토지를 잃고 난민이 되었다. 오클라호마를 떠나 캘리포니아의 일자리를 찾아 이주하는 미국 농민들의 삶을 〈분노의 포도〉가 그린다.

오클라호마의 고향을 떠난 조드 가족은 온갖 시련을 겪어내며 약속의 땅인 캘리포니아에 도착한다. 농업노동자로 새 삶을 꾸리기 위해서다. 그러나 그곳엔 더 큰 절망이 기다렸다.

톰은 조드 집안의 둘째 아들로 살인죄로 복역하다 임시로 석방되어 가족의 캘리포니아행을 이끈다. 길에서 만난 짐 케이시란 인물과 친해지고 따른다. 케이시는 원래 전도사였으나 신에 회의를 품고 교회를 떠나 조드 가족의 이주 행렬에 함께한다.

캘리포니아의 농업 노동자로 새로운 인생을 꿈꾸지만, 이들에게 현실은 잔인했다. 캘리포니아의 햇살을 받은 포도가 탐스럽게 영글었지만, 농장주인과 상인의 농간으로 노동자들은 생활을 지탱하기 힘든 임금을 받았다. 곡식 창고가 가득

차 있어도 노동자들의 아이는 굶주렸고 농장주와 기업은 품삯을 제대로 주는 대신 독가스와 총을 사들이고 공작원과 첩자를 고용하는 데에 돈을 썼다.

분노한 노동자가 봉기하고 케이시는 사명감에 파업을 지도한다. 지주들의 사주를 받은 악한에 케이시가 살해되자 톰은 그 자를 죽임으로써 두 번째 살인을 범하게 된다. 마지막 장면이 유명하다. 50살쯤 돼 보이는 남자가 엿새째나 굶은 채 죽어간다. 함께 있는 자식을 먹이느라 자신은 아무것도 먹지 못했다. 남편에게 버림받고 아이를 사산한 톰의 여동생인 노자샨이 그 남자에게 젖을 물려 그의 목숨을 구한다.

존 스타인벡은 미국 문학사에서 '로스트 제너레이션'으로 분류되는 포크너, 헤밍웨이의 다음 세대의 작가로 사회주의 리얼리즘 계열에 속한다. 〈분노의 포도〉는 대공황기 이후 미국 사회의 붕괴를 생생하게 그려낸 그의 문학세계를 대표하는 작품이다.

출간과 함께 일부 주에서 논란에 휩싸여 금서로 지정되었지만 출판한 첫해에만 40만 권이 팔려나가는 대성공을 거두었다. 비참한 현실을 있는 그대로 담아내며 자본주의의 문제점을 적나라하게 짚어냈다. 이 작품으로 스타인벡은 퓰리처상을 수상하였으며, 출간 직후 소설이 영화로 만들어졌다. 영화화한 그의 소설 중에서는 제임스 딘이 주연한 〈에덴의 동쪽〉이 더 유명하다.

1929년 대공황 발발 이후 미국은 아메리칸드림을 잃어버린 나라로 곤두박질치고 있었다. 길거리엔 실업자가 늘어났고, 공장뿐 아니라 은행까지 줄줄이 파산했다. 소작농이나 다름없는 농업지대의 농민은 더 큰 고통을 겪었다. 이들은 한 국가 내에서 난민이 되어 길에서 먹고 자며 빵을 찾아 헤맸다.

소설에서 이주민들이 66번 도로를 따라 이동해 마침내 캘리포니아에 도착하는 장면은 극적이다. 거대한 계곡이 드러나고 해가 떠오르는 가운데 캘리포니아 풍광을 앞

- 이 소설에서 사회주의 리얼리즘의 특징을 보여주는 대목을 찾아보자.
- 마지막 장면에서 작가가 하고 싶었던 말이 무엇이었는지 상상해 보자.

에 두고 조드 가족은 이스라엘 백성이 가나안에 도달한 것처럼 신에게 감사 기도를 드린다. 그러나 포도가 익어가는 그곳은 더 지독한 고통의 땅이었다. 최소한의 인간 다운 삶도 불가능해지자 '분노의 포도'가 등장하게 된다.

절망의 시기에 작가는 문학을 통해 시대의 모습을 있는 그대로 표현했다. 소외된 사람들에 관심을 기울인 그가 〈분노의 포도〉를 통해 당대 굶주린 민중의 삶에 주목한 것은 당연했다. 소설이 보여주는 당시의 모습은 지금으로선 믿어지지 않을 만큼 끔찍하다. 전혀 탈출구가 안 보이는 상황에서 그럼에도 작가는 가난하고 헐벗은 사람끼리의 돌봄을 통해 희망의 여지를 제시한다.

마지막 장면은 루벤스 등에 의해 그림으로 남겨진 키몬과 페로 부녀의 이야기에서 따왔을 가능성이 크다. 가족 간인 키몬과 페로와 달리 소설에선 생판 모르는 오십줄 남자에게 젊은 여자가 젖을 물리는 것이어서 더 감동적이다. 하려는 이야기가 생명보다 더 소중한 것은 없다는 데에 국한하지는 않을 듯하다.

16

오늘을 잡아라

솔 벨로(1915~2005년, 미국 · 1976년 수상)

캐나다 퀘백주 라신에서 러시아계 유대인 부부의 사남매 중 막내로 태어났고, 아홉 살 때 미국 일리노이주 시카고로 이주했다. 시카고대학교, 노스웨스턴대학교, 위스콘신대학교 등에서 수학했고 1941년 첫 단편 〈두 개의 아침 독백〉을 발표했다. 미네소타대학교, 뉴욕대학교, 프린스턴대학교 등에서 오랫동안 인류학, 문학을 가르친 학구적인 작가다.

〈오기 마치의 모험〉(1947년), 〈허조그〉(1964년), 〈샘러 씨의 행성〉(1970년)으로 세 차례 전미도서상을 수상하는 전무후무한 기록을 세웠다. 작가로 대중적인 관심을 받기 시작한 작품은 〈오기 마치의 모험〉으로, 유럽의 피카레스크 소설에 미국적 경험을 결합해 미국 사회의 활력과 가능성을 표현했다. 1976년에 〈훔볼트의 선물〉(1975년)로 퓰리처상을 받았다. 자신이 성장하고 자란 대도시를 배경으로 현대인의 고립과 소외를 주로 다루었다.

유럽 이민자들의 도시 경험, 특히 유대계 이민자들의 경험, 마르크시즘과 모더니즘의 유혹, 잔존하는 유럽의 지성적 문화와 부상하는 대중문화, 베트남전쟁의 실패, 성과 인종에 대한 태도 변화, 1990년대 미국의 문화전쟁, 반유대주의 등이 주요 작품 소재였다. 유려한 문체와 날카로운 언어 감각을 지닌 지성주의 작가로 윌리엄 포크너에 비견되는 20세기 미국 문학의 대표작가다.

> *"근심을 감추는 재간이라면 토미 윌헬름도 누구 못지않았다. 적어도 본인은 그 렇게 믿었고 이 생각을 뒷받침할 만한 근거도 충분했다. 한때나마 배우였으므로 —아니, 진짜 배우는 아니고 엑스트라였지만 연기를 어떻게 해야 하는지도 안 다. 그리고 그는 시가를 피우는데, 시가를 피우는 데다 모자까지 쓰면 한 가지 이점이 있다. 남들이 그의 기분을 알아차리기 어려워진다. 아침 식사를 하기 전 에 우편물을 확인하려고 23층에서 로비로 내려가며 그는 남들 눈에는 말쑥해 보이겠지, 그럭저럭 잘사는 사람처럼 보이겠지, 그렇게 믿었다. 아니, 희망했 다. 지금으로서는 할 수 있는 일이 별로 없으니 어차피 희망으로 그칠 수밖에 없 었다."*

소설 시작과 함께 이렇게 묘사된 토미는 직업을 잃었고 가족에게서 버림받았으 며 어디에도 속하지 못한 채 뉴욕의 글로리아나 호텔에서 무위도식하며 하루하 루를 대책 없이 살아가는 40대 중반 남성이다. 남들 눈에 잘 지내고 있는 것처 럼 보이기를 희망하지만, 삶이 더는 어떻게 손써 볼 수 없는 막다른 골목에 이르 렀다. 오늘도 막막한 심정으로 잠에서 깨어 아버지와 아침 식사를 하기 위해 식 당으로 향한다. 토미는 이러한 무대책의 일상이 이제 곧 깨어지려 한다는 사실 을 알고 있다. 예감한 커다란 불행이 바로 코앞에 다가왔음을 느낀다.

도움을 줄 수 있는 유일한 사람인 아버지는 필요한 도움을 주지는 않고 토미를 실패자로 바라보고 경멸한다. 오늘도 아버지와 한바탕을 하고 식당을 나온다. 같은 호텔에 묵고 있는 정신과 의사인 탬킨 박사는 "오늘을 잡아야 한다."라고 토미에게 충고한다. 토미는 탬킨 박사의 그 인생관에 동의하지만, 막상 막막한 현실에서는 잡을 지점을 포착할 수 없어 망망대해를 표류하는 기분이다. 토미는 주식으로 돈을 벌게 해 주겠다는 탬킨 박사의 말을 믿고 그나마 남은 전 재산을 그에게 투자하지만, 탬킨 박사는 어디론가 사라져 버리고 보이지 않는다.

작품의 막바지에 도달해서도 맨 앞에서 묘사한 '희망 없음'이 달라지지 않는다. 탬킨 박사가 종적을 감추면서 토미의 마지막 선택 역시 사기를 당한 또 다른 실패였음이 확인될 뿐이다. 아버지는 그에게 "바보 같은 놈!"이라고 화를 내며 꺼지라고 하고, 오랜만에 통화한 아내는 "지금 불행해?"라고 묻고는 "당신은 그래도 싸."라고 쏘아붙인다. 탬킨를 쫓다가 우연히 장례 행렬에 끼어든 토미는 장례식에 휩쓸려 가서 망자를 애도하는 듯 목 놓아 통곡한다.

현실임을 부정하고 싶을 정도로 고단하고 막막한 일상을 살아가는 현대인. 고독과 절망의 '오늘'에서 삶의 희망을 찾는 게 가능할까. 20세기 미국 문단의 거목으로 평가받는 솔 벨로가 이 작품에서 하고 싶은 말이다.

벨로는 작품 대부분에서 소외된 인간을 주인공으로 내세워 억압받는 상황과 거대도시의 부조리한 삶을 능숙하게 표현한 작가로 알려져 있다. 〈오늘을 잡아라〉도 마찬가지로, 토미 윌헬름이란 무능한 중년 남자가 뉴욕 브로드웨이 몇 블록을 오가며 겪는 비참한 하루를 그렸다. 벨로는 "문학이란 인류 전체를 대변해야 한다."라고 믿었다. 그의 문학론을 반영하듯 〈오늘을 잡아라〉에서 구현된 세상은 바로 지금 세계인의 모습, 우리의 모습과 다르지 않다.

주인공 토미는 자타공인 '실패자'다. 팍팍한 삶을 나름의 방식으로 헤쳐나가려고 하지만 손을 댈수록 인생이 꼬인다. 심성이 착하다. 착한 심성은 물질문명의 현대사회에 적응하는 데에 도움이 되지 않는다. 실수와 좌절, 방황이 도돌이표로 펼쳐진다. 토미를 도와주는 사람이 없다. 그를 이용해 먹으려는 저의를 가진 사람만이 도움의 손길을 내미는 척한다. 가장 가까운 사이인 가족의 냉대는 토미를 더욱 힘들게 한다.

생각거리

• 작가가 '실패자'인 주인공의 희망 없는 오늘을 그리면서 '오늘을 잡아라'로 제목을 정한 이유가 무엇일까?

• 소설에서 토미가 통곡하는 장면을 보고 느낀 점은?

도움을 베풀 능력이 있는 아버지는 토미의 재기 가능성을 불신하기에 아예 어떤 지원도 마다한다. 그의 자신감과 자존감은 바닥이다.

스웨덴 한림원은 노벨문학상 선정 이유로 벨로가 "인간에 대한 이해와 현대 문화에 대한 섬세한 분석을 보여 준다."라고 평가했다. '실패자'에게 답이 있을까. 작가는 현실적인 답이 없어도 영혼의 답이 있을 수 있다고 말한다. 영혼의 답이 현실의 실패자에게 실질적인 도움이 될지는 모르겠으나 문학적인 가치는 지닌다. 생전에 작가는 어느 인터뷰에서 다음과 같이 말했다.

"영혼의 결을 따라가는 것은 여전히 혼란스럽다. 그것을 발견하기는 정말 어렵다. 하지만 그것은 우리의 바쁜 일상의 담벼락에 항상 새겨져 있다. 그리고 우리의 심연에서 항상 꿈틀거린다. 그것은 늘 우리와 같이 있다. 나는 그것을 그리려고 노력할 뿐이다."

'오늘을 잡아라'가 그저 반어적인 표현인지, 힘겨운 오늘 안에서도 오늘의 영혼을 잡도록 애써야 한다는 얘기인지 생각해 볼 일이다. 어쨌든 오늘을 잡지 않으면 내일이 없을 것이기에, 내일을 잡으려는 사람은 오늘 또한 잡아야 하는 것이 맞기는 하다.

디어 라이프

앨리스 먼로(1931~2024년, 캐나다 · 2013년 수상)

캐나다 온타리오주 시골 마을 윙엄에서 농장을 운영하는 아버지와 교사인 어머니 사이에서 태어났다. 10대 때부터 단편을 쓰기 시작했으며 웨스턴온타리오대학 영문과 재학 중 단편 '그림자의 차원'을 발표하며 소설가로 등단했다. 여러 출판사로부터 거절당한 끝에 1968년에 첫 소설집 〈행복한 그림자의 춤〉을 냈고 이 작품으로 캐나다의 권위 있는 문학상인 총독문학상을 받으며 캐나다를 대표하는 작가로 자리매김한다. 총독문학상을 모두 세 차례 받았고, 2009년 맨부커 인터내셔널상을 받을 때는 "작가들이 평생에 걸쳐 이룩하는 작품의 깊이와 지혜, 정확성을 매작품마다 성취해 냈다."는 극찬을 받았다.

평생 모두 13권의 단편집을 발표했다. 2012년 13번째 단편집 〈디어 라이프〉 출간 이후 절필을 선언하여 〈디어 라이프〉가 작가의 마지막 작품이 되었다. 이듬해 노벨문학상을 수상하는데, 캐나다인으로서 최초이자 단편소설을 주로 쓴 작가의 수상으로도 최초다. 절필 선언 무렵부터 숨질 때까지 10여 년 치매를 앓았던 것으로 알려졌다. '우리 시대의 체호프' 또는 '현대 단편소설의 거장'으로 불린다.

작가의 13번째이자 마지막 소설집과 제목이 같은 단편소설 '디어 라이프'는 그의 어린 시절 경험을 바탕으로 한 자전적 이야기다. 먼로에게 가장 자서전 같은 작품이다.

소설은 화자인 '나'가 고향인 캐나다 온타리오의 작은 마을을 회상하며 시작한다. "어린 시절 나는 길게 뻗은 길 끝에서 살았다." 이어 집, 강, 언덕, 나무 등 동네 모양과 학교생활을 술회한다. 학교 다닐 때 독일과 전쟁이 선포됐다. 소설의 이 회상에서 가장 큰 비중을 차지한 것은 어머니였다.

"어머니는 헐벗은 캐나다 순상지의 농장을 떠나는 데 성공해" 교사가 되었다. 부모에게 꽤 괜찮은 농장을 물려받은 아버지를 만나 부부가 된 두 사람은, 나의 고향이 된 낯선 곳에서 모피를 얻기 위한 여우농장을 했다.

그러나 시기를 잘못 만났는지 사업은 망했고 아버지는 야간 경비 일을 하며 가족을 먹여 살렸다. 수입이 줄어든 것보다 더 큰 재앙은 40대인 어머니에게 파킨슨병이 발병한 것이었다. 어머니는 돌아가셨고 아버지는 재혼했으며 나는 결혼해 밴쿠버로 옮겨갔다.

어느 날 고향의 지역신문을 통해 같은 공간의 추억을 공유하는 어떤 이의 기고문을 읽는다. 그 일로 어머니가 생전에 들려준 네터필드 노부인의 방문 사건을 새로 해석하게 된다. 어머니는 노부인을 무섭고 폭력적인 사람으로 기억하며 내가 어렸을 때 집을 '습격'하다시피 방문해 어머니는 어린 나를 안고 집안에 꼭꼭 숨어 노부인이 사라지기만을 기다렸다고 했다. 어머니는 노부인을 무섭고 위험한 존재로 간주했고, 나에게도 같은 기억이 전달돼 있다.

기고자의 글을 읽고 이리저리 확인한 결과 그 노부인은 우리 가족이 살던 그 집의 최초 거주자였다. 아마도 그녀는 한때 자신의 집이었던 곳을 둘러보고 싶은 마음에 친선방문했을 수 있다. 기고자는 노부인의 딸로, 원하면 나는 편지를 보내거나 만날 수 있었을 것이다. 하지만 그즈음 내가 정말로 이야기를 나누고 싶었던 상대는 더는 세상에 존재하지 않는 내 어머니였다.

자라는 시기에 어머니에게 못마땅한 게 많았고 그래서 이른바 말대꾸를 많이 했지만, 크고 나서 고향을 떠난 뒤엔 "타운이 끝나고 탁 트인 땅이 시작되는 곳이자 일몰이 아름다운 곳인" 우리 집과 어머니가 그립다. 어머니의 임종과 장례식에 가지 않았다. 남편과 나는 그때 거기까지 갈 경비가 없었고 아이를 맡길 데가 없었다.

사람들은 말한다. 어떤 일들은 용서받을 수 없다고, 혹은 우리 자신을 절대로 용서할 수 없다고. 하지만 우리는 용서한다. 언제나 그런다.

〈디어 라이프〉는 오랜 작가 경력의 정점을 찍은 작품이자 작가로서 능력이 최고로 발휘된 걸작이란 평을 듣는다. 먼로가 82살 때 생애 마지막으로 발표한 소설집이다.

〈디어 라이프〉에는 작가가 어린 시절을 회고하며 쓴 표제작 '디어 라이프'를 비롯, 2012년 오헨리상 수상작 '코리', 언니의 익사 사고 후 평생을 그 기억에 사로잡혀 살아가는 여성을 그린 '자갈' 등 모두 14편의 단편이 수록됐다. 작가는 마지막 네 단편(〈시선〉〈밤〉〈목소리들〉〈디어 라이프〉)을 '피날레'란 장으로 따로 구분하여 다음과 같은 설명을 달아놓았다.

"이 책의 마지막 네 작품은 소설이라고는 할 수 없다. 이 작품들은 별도로 구성되었고, 정서적인 측면에서는 자전적이지만 때때로 사실적인 측면에서는 꼭 그럴지는 않다. 나는 이 네 편이 내 삶에 대해 내가 이야기하는 최초이자 마지막 그리고 가장 내밀한 작품이 될 거라고 생각한다."

절필을 앞두고 마지막 소설을 펴내며 단편소설로 인생을 정리한 작가의 심경을 엿볼 수 있는 작품들이다. 전에 발표한 작품들과 마찬가지로 〈디어 라이프〉는 캐나다의 작은 마을을 무대로 그곳에서 살아가는 평범한 사람들의 소박한 삶과 작은 이야기를

생각거리

• '피날레'로 따로 묶은 마지막 네 편의 특징을 음미해 보자.
• 평범하고 잔잔한 흐름 속에서 돌출하는 섬광의 요소를 작품들 속에서 찾아보자.

그렸다. 짧은 이야기 속에 담긴 서사의 힘이 강렬해 하나하나의 이야기가 장편소설을 압축해놓은 듯한 깊이를 선사한다. "먼로의 작품을 읽으면 전에는 미처 알지 못했던 무언가를 반드시 깨닫게 된다."는 평이 뜻하는 바일 것이다.

먼로는 "다른 재능이 없었기 때문에 이 일을 잘 해낼 수 있었던 것 같다. 내가 이 일만큼 끌렸던 것은 없었고, 그러니 내 삶에는 다른 것이 끼어들 여지가 없었다."라고 말했다. 어려서부터 글을 썼지만, 첫 번째 소설집을 37살에야 발간할 수 있었다.

먼로는 작품을 통해 직접 현실을 고발하려고 들지 않는다. 인물의 감정을 섬세하게 표현하는 데 집중하며 동시에 인간에 대한 연민을 작품에 녹여낸다. 작가는 자신이 이유를 설명하지 않고 작품을 읽은 독자가 스스로 질문하고 생각하게 하여 이유를 찾는 방식으로 글을 쓴다. 군더더기 없는 문체로 정제된 흐름을 이끌면서 절제미 속에서 섬광 같은 흔적을 독자에게 남기는 작가다. 일상적인 소재를 통해 인간 존재의 깊이를 파고들며 때로 어색하지 않지만 예상하지 못한 반전을 적절하게 구사한다.

정글북

러디어드 키플링(1865~1936년, 영국 · 1907년 수상)

인도 뭄바이 출생. 1871년 부모의 품을 떠나 영국에서 수양부모와 함께 생활하며 교육을 받았고, 교육을 마치고 인도에 잠시 돌아갔다가 1889년 영국으로 귀환했다. 1892년 미국인 캐롤린 밸러스티어와 결혼하여 1896년까지 미국 버몬트에 살며 〈정글북〉을 집필했다.

남아프리카에서 보어 전쟁이 일어나자 그곳에서 르포 기사를 작성했다. 그 시절 영국 대중의 열망을 반영한 백인우월주의 논조로 지식인들로부터 전쟁 및 폭력 옹호론자라는 비난을 받았다. 41세인 1907년에 노벨문학상을 받았다. 아직 깨지지 않은 최연소 수상 기록이다.

키플링은 자신이 군에 입대하지 못한 것을 아쉬워했는데, 외아들의 입대로 한을 풀었다. 눈이 나쁜 아들이 신체검사에서 자꾸 떨어지자 군대 인맥을 활용해 장교로 입대시켰다. 나쁜 시력이 주요한 원인이 돼 1915년 9월 18살의 나이로 아들이 전사했다. 아들이 전사하고 나자 반전시를 썼다. "우리가 왜 죽었냐 묻거든 우리 아버지들에게 속아서 죽었다 전하시오."라는 구절이 대표적이다. 그러나 그 후에도 정치 성향 자체는 일관됐다. 노동당 정부를 "총탄 없는 볼셰비즘"이라 비난하는 등 극우 보수 성향을 고수했다.

인도의 시오니 언덕 근처 정글에 늑대 부부가 살았다. 어느 날 정글의 폭군인 벵골호랑이 쉬어 칸이 이사를 왔다는 소식을 듣는다. 그날 밤, 쉬어 칸은 모글리의 부모를 공격한다. 혼란의 와중에 모글리는 놀라서 늑대 부부의 굴속으로 달아난다. 늑대 부부는 인간 아이인 모글리에 반해 그를 키우기로 결심한다. 곧 쉬어 칸이 찾아와 인간의 아이를 내놓으라고 윽박지르지만 늑대 부부는 응하지 않는다.

모글리를 두고 늑대들이 회의를 연다. 새끼가 부족의 일원이 되는 것에 반대가 있으면 부모 외에 최소한 2명의 다른 부족원의 지지가 필요해서였다. 쉬어 칸은 늑대들이 다른 종족의 새끼를 보호할 이유가 없다며 자신의 사냥감이니 내어놓으라는 식으로 요구한다. 그러나 쉬어 칸의 요구는 거부당한다. 늑대가 아니지만, 어린 늑대들의 교육을 담당하여 정글의 법칙을 가르치는 불곰 발루가 모글리를 가르치겠다며 모글리를 받아들이는 걸 지지한다. 흑표범 바기라도 지지해 모글리는 늑대 무리의 일원이 된다.

늑대들, 발루, 바기라에게 정글의 삶을 배워가는 중에 모글리는 원숭이 무리에 납치당한다. 모글리가 잡혀가자, 발루와 바기라는 인도비단뱀 카아에게 도움을 청해 함께 구출에 나선다. 먼저 도착한 바기라가 싸움을 시작하고, 걸음이 느려 늦게 도착한 발루와 카아가 싸움에 합세한다. 친구들의 도움으로 모글리는 사지에서 벗어난다.

시간이 또 흘러 쉬어 칸은 모글리에 반감이 있는 젊은 늑대들을 꼬드겨 모글리를 죽일 음모를 꾸민다. 모글리와 함께 성장한 늑대들은 모두 늙어서 이제 늑대 무리에서 모글리를 편드는 늑대는 극소수였다. 위기에 처했지만, 이런 사태를 예상한 모글리는 마을에서 동물들이 무서워하는 햇불을 들고 나타나 쉬어 칸과 젊은 늑대들을 물리친다.

그 후 인간 마을에 간 모글리는 호랑이에게 아들을 잃은 여자 메수아를 만난다. 메수아는 자신의 아들을 닮은 모글리를 자식으로 여기며 따뜻하게 대한다. 메수아는 모글리를 인간 사회와 정글 사이에서 갈등하게 만드는 역할을 한다.

모글리와 쉬어 칸의 대결은 이 이야기의 절정에 해당한다. 선과 악의 대립에서 최종적으로 선이 승리하면서 모글리로서는 복수에 성공하는 장면이다. 그밖에 인간세계 및 정글과 관련한 여러 일화가 이어지고, 모글리는 정글을 떠난다. 애니메이션 등에서는 약간씩 각색이 이루어졌다.

〈정글북〉은 하나의 통일된 이야기가 아니라 여러 단편으로 이루어진 작품이고 두 차례에 걸쳐 묶여 발표됐다. 〈정글북1〉이 1894년, 〈정글북2〉가 1895년에 출간됐다.

주인공 모글리의 실제 모델이 존재한다는 얘기가 있다. 실존 인물인 디나 사니차르가 대략 6살 무렵인 1867년에 사냥꾼들에 의해 늑대 무리 사이에 있는 것이 발견됐다. 고아원으로 보냈으나 인간 사회의 문화와 문명에 끝까지 적응하지 못했고 말도 배우지 못했다고 한다. 〈정글북2〉가 발간된 해에 35세의 나이로 사망하였다. 인간 사회에서 접한 문물 중 하나인 담배가 원인으로 알려졌는데 흡연으로 인한 암으로 사망했다. 소설의 주인공과 현실의 모델 간에 엄청난 차이가 있는 셈이다.

극우에다 인종차별주의자여서 작가의 작품이 제대로 평가를 받지 못했다는 의견이 많다. 키플링의 작품 중 인종차별적인 작품이 그렇게 많지 않지만, 작가의 성향 때문에 그의 문학에 편견이 씌워진 측면이 크다는 것. 평생 400여 편의 단편을 발표하였고 당대 대가들이 재능을 칭찬한 역대 최연소 노벨문학상 수상자임에도 〈정글북〉 이외 작품은 잘 알려지지 않았다.

- '늑대인간'의 사례를 통해 인간에게 사회의 기능이 무엇인지 생각해 보자.
- 모글리가 인간 사회와 정글 사이에서 계속 선택을 망설인 이유가 무엇일까?

모글리는 '개구리'를 뜻한다. 모글리란 이름은 모글리가 아기였을 때 옷을 입지 않은 상태로 발견되었기에, 미끄럽고 작은 몸집이 개구리와 닮았다고 여겨 정글 동물들이 붙인 이름이다. 모글리가 인도인이 아니라 백인이라는 주장을 펴기도 하나 작품에서 모글리를 묘사하며 갈색 피부라고 하는 걸로 보아 인도인으로 보인다. 인종차별주의자인 키플링의 대표작 주인공이 백인이 아닌 것이 재미있다.

그의 시 중에는 '만약(If)'이란 시가 대중매체 등에서 인용되며 유명하다. 〈정글북〉의 주제 같기도 한 시구의 일부를 소개한다.

If you can dream—and not make dreams your master/If you can think— and not make thoughts your aim/If you can meet with Triumph and Disaster/And treat those two impostors just the same(만약 네가 꿈꿀 줄 알지만, 꿈에 지배당하지 않는다면/생각할 줄 알지만, 그것에 현혹되지 않는다면/만일 승리와 패배를 마주하며, 두 허위를 동일하게 대할 수 있다면)

Part 3

프랑스

황금 물고기

르 클레지오(1940년~, 프랑스 · 2008년 수상)

현대 프랑스 문단의 살아 있는 신화, 살아 있는 가장 위대한 프랑스 작가로 일컬어진다. 니스 출생. 아버지가 영국인이고 어머니가 프랑스인이어서 어려서부터 영어와 프랑스어를 자유자재로 구사했다. 작가의 언어로 프랑스어를 택한 계기는 프랑스 식민지였던 인도양의 모리셔스 섬을 영국이 점령한 것을 부당하게 받아들여서였다. 모르셔스는 아버지가 의사로 근무한 곳으로 르 클레지오는 이곳에서 유년시절을 보냈다.

영국 브리스틀 대학과 프랑스 니스 대학에서 수학했고, 스물셋의 나이에 첫 작품 〈조서〉로 프랑스의 권위 있는 문학상인 르노도상을 받으며 화려하게 문단에 데뷔했다.

1967년부터 멕시코와 파나마 등지에 체류하면서 서구 사유의 틀을 버리고 자연과 어우러진 새로운 사상을 추구하였다. 이러한 사상은 모로코인 아내와 함께한 사막 기행문 〈하늘빛 사람들〉과 〈황금 물고기〉 등에서 발견된다.

2007~2008년 이화여자대학교 통역번역대학원 및 학부에서 석좌교수를 지냈고 그 전에도 한국을 자주 방문했다. 제주도의 해녀, 서울 등 한국을 소재로 한 작품을 발표하기도 했다.

"예닐곱 살 무렵에 나는 유괴당했다." 소설의 시작이다. 인신매매 조직에 유괴당한 이 소녀의 이름은 라일라로 '밤'이라는 뜻이다. 라일라에게 어린 시절은 흐릿하다. 햇살이 내리쬐는 눈부시게 하얀 거리, 비명처럼 고통스레 내지르는 까마귀 울음소리, 그리고 어린 그를 잡아 검은 자루 속에 집어넣는 커다란 손 같은 것을 기억할 뿐이다.

유괴된 라일라는 랄라 아스마라는 모로코의 유대인 노파 집에 팔려가 그 집에서 잔심부름을 하며 식모나 다름없이 살아간다. 아스마가 라일라를 손녀처럼 생각하기에 거의 감금당한 듯이 살지만 생활 자체가 힘들지는 않다. 라일라의 어린 육체를 노리는 노파의 아들과 라일라를 노예처럼 생각하는 며느리로부터 항상 노파가 라일라를 지켜준다.

노파가 죽고 나자 아들 부부의 위험에 노출된 라일라는 거리의 여자들이 사는 수상쩍은 여인숙으로 도망한다. 그곳에서 그녀는 아름다운 '공주님'들과 살면서 세상을 배운다. 가끔은 작은 도둑질을 하며 즐거움을 느끼고 동시에 거리의 법칙을 배우며 점점 더 강인해진다. 인신매매범에게서 팔려 온 북아프리카에서 이런저런 고난을 겪고 다양한 경험을 하며 어른으로 성장해간다. 여인숙에서 친해진 한 '공주'와 함께 더 나은 세상을 꿈꾸며 프랑스로 밀입국한다.

프랑스 파리의 삶은 쉽지 않다. 라일라는 아프리카에 밀입국한 난민에 불과하기 때문이다. 그곳에서 자신과 비슷한 처지인 이민자 및 난민, 또 예술가와 교류하며 라일라는 정체성을 고민한다. 프란츠 파농을 알게 된 것도 그곳에서다.

라일라는 유럽에서 미국으로 건너간다. 미국에서도 유랑이 계속되어 길거리 삶을 계속한다. 음악가로서 재능은 그에게 삶의 가능성을 제시한다. 사랑하는 사람을 만나지만 여전히 삶은 불안정하다. 자신의 시원에 관한 궁금증과 정체성 부재가 라일라의 마음 한구석에 자리하고 있기 때문이다.

프랑스 니스의 재즈 페스티벌에 초청받은 것을 계기로 라일라는 유럽에 돌아간다. 그의 여정은 이제 떠나온 아프리카로 향한다. 아이를 한번 유산하였지만 다시 아이를 갖게 된 채 라일라는 지중해를 건너 북아프리카를 거쳐 자신의 고향을 찾아 남하한다. 마침내 여행의 끝이다.

> *"누군가가 나를 유괴해 간 곳이 바로 이곳이다. 나는 내가 태어난 땅을 만진다. 노예였다가 예언자 마호메트가 속박에서 풀어주고 세상으로 내보낸 그 사람처럼, 드디어 나는 또 하나의 빌랄 족이 되어 부족의 시대에서 벗어나 사랑의 시대로 들어선다."*

〈황금 물고기〉는 예닐곱 살에 인신매매단에 납치되어 자신이 누구인지, 부모형제가 누구인지, 태어나고 자란 곳이 어디인지 모르는 라일라라는 아프리카 여성의 근원 찾기를 그린 작품이다. 세상을 표류하며 역경을 겪기도 하지만, 끝내 삶에 패배하지 않는 모습을 보여준다는 측면에서 성장소설로 볼 수 있다. 르 클레지오 특유의 서정적 감성과 아름다운 언어로 성장의 여정을 그려냈다.

아프리카에서 유럽으로, 유럽에서 미국으로 이동한 주인공 라일라는 프랑스로 돌아오고 자신을 인신매매한 조직의 흔적을 쫓아 다시 북아프리카로 돌아간다. 어릴 적 자신이 자란 고향에 도달하지만, 그곳이 이미 많이 변했고 기억이 명료하지 않기에 고향인지도 불확실하다. 그러나 자신의 근원을 찾겠다는 의지와 여행 자체가 중요하기에, 고향으로 생각된 그곳에 도달한 것으로 충분하다. 자신의 과거와 화해하고, 자신을 있는 그대로 받아들이며, 자유와 평온을 모색할 수 있게 된다.

> *"오, 물고기여, 작은 황금 물고기여, 조심하라! 세상에는 너를 노리는 올가미와 그물이 수없이 많으니."*

- '황금 물고기'가 상징하는 것은?
- 소설의 말미에 라일라가 아이를 잉태하도록 한 작가의 의도는?

〈황금 물고기〉의 제사다. 소설이 시작하며 물고기와 황금 물고기가 나온다. "나는 급류를 거슬러 올라가는 물고기처럼, 지금처럼 다른 사람들, 다른 사물들 사이를 누비며 살아가고 싶었다."는, 그 이름이 '밤'이라는 뜻의 주인공 라일라가 다름 아닌 황금 물고기다. 아프리카의 모래 먼지 자욱한 땅, 그녀의 조상이 수천 년 전부터 묵묵히 삶을 이어온 그 땅에 발을 디딘 순간, 기나긴 표류의 목적이 결국 이곳에 돌아오기 위한 것이었음을 깨닫는다. 세상이라는 탁류에 휘말린 물고기이지만 그녀에게는 자각하지 못했을 뿐 원래부터 황금 비늘이 달려 있었다. 아프리카 모래사막 위에서 라일라가 마침내 황금 비늘을 번뜩이는 물고기로 다시 태어난다.

르 클레지오의 외조부는 인도양의 프랑스령 모리스(영국명 모르셔스) 섬에서 태어났다. 작가는 자신이 모리스섬에서 산 적이 없지만 스스로 모리스섬 주민임을 잊은 적이 없다고 말한다. 영국과 프랑스 혈통의 서유럽 작가가 아프리카인을 자처하며, 어린 난민 소녀에 빙의하며 쓴 소설이다. 북아프리카를 배경으로 어린 소년이 나오는 다른 소설은 〈사막〉이다. 소설이 작가에겐 일종의 근원 찾기인 셈이다.

남자의 자리

아니 에르노(1940년~, 프랑스 · 2022년 수상)

프랑스 노르망디 출신 소설가. 노르망디의 릴본에서 태어났지만 유년기와 청소녀기를 같은 노르망디의 소읍 이브토에서 보냈다. 노동자에서 소상인이 된 부모를 둔 소박한 가정에서 성장했다. 대학도 노르망디의 주요 도시 루앙에 위치한 루앙 대학으로 진학해 문학을 공부한 후 정교사와 교수 자격증을 받았다. 1974년 자전적 소설인 〈빈 옷장〉으로 등단했다.

그녀의 작품 다수가 자신의 체험을 바탕으로 한 것으로, 불륜과 낙태 등 사회적으로 숨기고 싶어 하는 일들을 거리낌 없이 과감하게 묘사한다. 이런 작품 경향을 두고 독자와 평론가 사이에서 호불호가 갈린다.

2003년에 작가의 이름을 딴 '아니 에르노상'이 제정되었다. 2011년에는 소설과 미발표 일기들을 수록한 선집인 〈삶을 쓰다〉가 갈리마르 총서에 편입되었다. 생존한 작가로서는 처음이다.

2022년 "개인 기억의 뿌리, 소외, 집단적 구속을 밝혀내는 용기와 임상적 예리함으로" 노벨문학상을 수상하였는데, 프랑스 국적 작가 중에서 16번째이자 프랑스 여성으로서는 최초였다. 여성의 낙태권 등에 대해 계속 목소리를 낸 페미니스트 작가로 꼽힌다.

참고: 〈아버지의 자리〉로도 번역되었다.

소설은 화자인 '나'가 중등교사 자격 실기시험을 치르는 것으로 시작한다. 합격하고 저녁에 부모에게 '정식' 교사가 됐다고 편지를 썼다. 어머니는 내게 매우 기쁘다는 답장을 보냈다. 그 일이 있고 정확히 두 달 후에 아버지가 죽었다.

어느 일요일, 이른 오후에 집에 도착했다. 염이 진행됐다. "몇 시간 만에 아버지의 얼굴은 알아볼 수 없을 만큼 변해 있었다. 오후가 끝날 무렵 방에 혼자 남겨졌다. 차양을 통과한 햇살이 장판 위로 슬며시 들어왔다. 그것은 더 이상 내 아버지가 아니었다. 퀭한 얼굴에 코만 보였다. 흐물흐물한 파란색 양복에 감싸인 그가 마치 누워 있는 한 마리의 새처럼 보였다."

나중에 첫 발령을 기다리며 여름을 보내면서 모든 것을 설명해야만 한다는 생각이 찾아왔다. 아버지와 그의 인생에 대해 그리고 사춘기 시절 그와 나 사이에 찾아온 이 거리(距離)에 대해 말하고 쓰고 싶었다. 계층 간의 거리나 이름이 없는 특별한 거리에 대해 마치 이별한 사랑처럼.

작가와 뚜렷하게 겹쳐지는 소설 속 화자의 결심에 의해 소설이 본격화한다. 제목이 〈남자의 자리〉인데 원제는 '남자'가 빠진 그저 '자리(La Place)'다. 꼭 '나'의 아버지에 집중한 소설은 아니라는 얘기다. '나'와 아버지 모두를 염두에 둔 작품이다.

아버지의 설명에 따르면 "읽지도 쓰지도 못하는" 농촌의 짐수레꾼인 할아버지에게 태어나 공장 노동자로 살다가 같은 노동자였던 어머니를 만나 결혼했다. 노동자보다 상인이 낫다는 생각이 들었기에 카페 겸 식료품점을 운영했다. 쾌활한 사람이었으나 부부관계는 원만하지 못했다. 미술관 같은 곳은 가본 적이 없다. 사는 데 책이나 음악 같은 것은 필요하지 않다고 믿었다. 그저 물질적 필요를 충족하는 데 집중하며 삶을 살았다. '나'가 기록한 아버지의 인생이다. 그렇게 '나'

는 "교양있는 부르주아의 세상으로 들어갈 때, 그 문턱에 두고 가야 했던 유산을 밝히는 일을 마쳤다."

화자인 '나'는 아버지와 그의 자리에 관해 마지막에 다음과 같은 평가를 남긴다. 하려던 얘기가 압축돼 있다. 담담하여지려 애쓰지만 어쩔 수 없이 애틋해 보인다. "그는 나를 자전거에 태워 학교까지 데려다주곤 했다. 비가 와도, 해가 쨍쨍해도, 두 강 사이를 건너는 뱃사공이었다. 어쩌면 그의 가장 커다란 자부심 아니 심지어 그의 존재 이유는 자신을 멸시하는 세상에 내가 속해 있다는 사실이었을 것이다."

〈남자의 자리〉는 작가가 아버지를 회상하며 썼다. 자전적 요소가 강하지만 자서전이 아닌 소설이다. 에르노 문학의 방법론을 흔히 자전적 글쓰기라고 하는데, 그렇다고 작가의 소설이 사소설이나 고백문학에 속한다는 뜻은 아니다. 반대로 자신에 대한 탐구를 사회과학 방법론을 통해 행하는 '어떤 현대문학과도 닮지 않은' 독보적인 문학이다.

작가는 이 소설에서 "시처럼 쓴 추억도, 환희에 찬 조롱도 없는 단조로운 글쓰기" 방식으로 아버지의 생애를 서술한다. 물질적 필요에 굴복하는 (아버지의) 삶을 설명하기 위해서는 무엇보다 '예술적인 것', 무언가 '흥미진진한 것' 혹은 '감동적인 것'을 추구해서는 안 된다고 믿는다. 문학보다 삶이 우선한다.

작가는 일반적으로 가능한 두 가지 방법을 모두 배격했다. 사회적 참상을 집중적으로 묘사하는 방법과 경제적이고 문화적인 지배의 모습을 모두 지우고 대신 노동자의 위대함을 보여주는 포퓰리즘을 모두 피했다. 이 양쪽의 함정에 빠지지 않기 위해 작가가 택한 길이 단조로운 글쓰기다. 어떤 것도 추구하지 않는 확인된 사실의 글쓰기, 가치 판단을 철저하게 없앤, 현실에 가장 가까운, 정서를 벗겨낸 글쓰기다. 그리하여 쓰지 않았다면 더는 존재하지 않았을 어느 불투명한 삶을 작가가 구해내게 된다.

"체험하지 않은 허구를 쓴 적이 없다."는 작가의 말은 적잖은 오해에 직면했다. 여성의 성, 가부장제의 폭력, 노동자 계급의 문화적 결핍과 가진 자들의 위선, 성적 억압과 차별 등 자신이 삶에서 맞닥뜨려야 한 모든 일을 문학의 소재로 삼았다. '점잖은' 프랑스 기성 문단은 사회적 금기를 드러내는 '칼 같은 글쓰기'의 에르노 작품을 폭로로 점철된 '노출증'이라고 비하했다.

자기 자신을 철저하게 해부하며 "판단, 은유, 소설적 비유가 배제된" 중성적인 글쓰기를 주장한 이유는 무엇일까. "내게 중요한 것은, 나와 나를 둘러싼 사람들을 생각할 때 썼던 그 단어들을 되찾는 일이다." 그리하여 "개인의 기억 속에서 집단의 기억을 복원"하는 사회학적 문학이, '나'의 확장이 가능해진다.

개인성에 주저앉지 않으려는 노력의 산물인 그녀의 작품들은 '자전적'을 새롭게 정의하게 된다. 하나의 순수한 자아에 타인들, 법, 역사가 존재하지 않는다는 것은 상상할 수 없기에 내면적인 것은 항상 사회적이어야 한다

페스트

알베르 카뮈(1913~1960년, 프랑스 · 1957년 수상)

농업노동자였던 아버지가 제1차 세계대전에서 전사해 어린 시절 가난에 시달렸다. 문맹에 청각 장애가 있는 어머니는 남편 전사 후 카뮈와 형을 데리고 친정에 들어간다. 중등학교에 못 갈 뻔했는데 초등학교 담임이 가족을 설득하고 동시에 매일 카뮈를 공부시켜 장학금을 받고 중등학교에 갈 수 있었다. 대학 진학 과정에서는 평생의 스승 장 그르니에 만난다. 그르니에가 글쓰기를 권유한 것으로 알려져 있다.

22살에 프랑스 공산당에 입당했다. 프랑스의 알제리 식민지배에 비판적이었고 관련한 글을 썼다. 제2차 세계대전 시기에 레지스탕스에 가담하여 1944년 초에는 대표적인 지하신문 콩바의 편집장으로 활약했다. 알제리 전쟁 시기에 예상과 달리 알제리의 독립은 반대하되 자치권의 확대를 주장해 주변 사람들을 놀라게 했고 장 폴 사르트르 등은 그를 배신자로 낙인찍었다. 그렇다고 우익과 군부에서 그를 환영한 것도 아니었다. 알제리 독립 후에는 카뮈가 고향으로 여겼고 〈이방인〉 등의 무대인 알제리에서도 그의 흔적이 지워졌다.

친구가 운전하는 자동차에 같이 타고 가다가 교통사고가 일어나 갑작스럽게 사망하였다.

조용한 해안 도시 프랑스령 알제리 오랑에서 언젠가부터 쥐들이 거리에 나와 비틀거리다 죽어간다. 흑사병(페스트)이 발발한 것이다. 당국은 전염병 발생을 선포하고 도시를 봉쇄한다. 도시는 일대 혼란에 빠져든다. 무시무시한 흑사병이 들이닥치며 외부세계로부터 고립된 도시에서는 재앙에 대응하는 인간군상의 다양한 모습이 나타난다. 이들은 대략 서너 가지 종류로 나뉜다.

도시의 흑사병이 '이 고장 사람이 아닌' 자신과는 상관없다고 생각하는 기자 랑베르 같은 사람은 탈출파다. 우연히 취재차 들렀다가 도시 봉쇄로 억류된 랑베르는 사랑하는 여자가 기다리는 파리로 돌아가기 위해 온갖 수단을 동원해 도시를 벗어나려고 한다. 랑베르 같은 외지인이 아닌 도시 원주민 중에서도 어떻게든 사지를 탈출하려고 애쓰는 사람이 많이 발견된다.

탈출이 여의치 않자 자포자기하는 사람들이 나타난다. 될 대로 되라는 식의 막가파가 있는가 하면 재앙에서 신의 의중을 파악하려는 구원파도 있다. 파늘루 신부는 어느 비바람 치는 일요일, 강론을 통해 이 재앙은 사악한 인간들에 대한 신의 징벌이라며 재앙에서 믿음을 잃지 말아야 하며 오히려 믿음을 더 굳건하게 해야 한다고 말한다. "형제들, 여러분은 그 불행을 겪어 마땅합니다."라는 식의 설교는 코로나19 국면의 한국에서도 더러 목격했다. 신부는 더불어 영생의 황홀한 빛을 강조한다.

현실에서 탈출하거나 초월하려는 사람들과 함께 재앙에 용감하게 맞서 싸우는 사람들이 있다. 카뮈가 말하는 '반항인'이 이 분류에 속할 것이다. 흑사병과 싸우기 위해서 자원봉사자로 보건대가 만들어져 활동하는 가운데 이 소설의 주인공인 의사 리외는 죽음과 정면으로 대결한다. 신부의 태도를 비겁한 것으로 보며 창조된 그대로의 세계를 거부하며 투쟁함으로써 진리의 길을 걷게 된다는 생각이다. 리외는 냉철한 현실 인식하에 직업적 책임감을 발휘하여 역설적으로 기독교적으로도 의로운 사람이 된 셈이다.

가장 흥미로운 사람은 랑베르다. 오랑에 발이 묶이자, 파리에 있는 연인에게 돌아가고자 필사의 탈출을 감행하지만 실패해 괴로워한다. 그러다가 막상 탈출의 기회가 주어지자 저주받은 도시에 머물기로 한다. 리외 등 헌신적인 사람들의 분투를 보며 함께 흑사병과 싸우기로 한 것이다. 수개월에 걸친 고통 끝에 전염병이 가라앉고 도시의 봉쇄가 해제된다. 살아남은 사람들은 새로운 희망과 일상을 되찾는다. 그러나 흑사병균이 결코 죽거나 사라진 것이 아니라 언제든 돌아올 수 있다는 리외의 생각 속에 소설이 끝난다.

1907년 노벨문학상을 받은 러디어드 키플링(41세 수상)에 이은 두 번째 최연소 수상자(43세 수상)인 카뮈는 사르트르나 베케트 등과 함께 부조리 문학의 대표 작가로 꼽힌다. 〈이방인〉과 〈시지포스 신화〉 등의 저작을 통해 자신의 부조리 문학을 구체화했다.

부조리는, 인간이 절절하게 부르짖지만 불합리한 세계의 침묵 앞에서 이러지도 저러지도 못하는 상황을 말한다. 유럽의 19세기가 과학과 이성의 시대였다면 20세기의 전반부는 두 세계대전으로 채워져 분노와 상실감에 빠졌다.

부조리 문학을 흔히 실존주의와 결부하여 이해하는 편인데, 카뮈는 이 연결을 싫어했다. 실존주의가 세상의 무의미에 집중해 허무주의로 빠지거나, 세상이 무의미하다는 생각을 너무 깊이 파고들어 그것에 과도한 의미를 부여하는 태도를 불편하게 생각했다. 절대적인 진리를 부인하면서 실존주의자들이 여전히 절대적인 것을 찾고 싶다는 욕망에 지배받기 때문이라고 카뮈는 비판했다. 그들이 '여기'를 말하며 '너머'에 서려고, 즉 '초월'하려고 한다고 지적한 셈이다.

- 부조리란 무엇인가?
- 카뮈의 부조리 문학이 말하는, 부조리를 넘어서는 방법은 무엇인가?

카뮈처럼 프랑스령 알제리에서 태어난 프랑스인을 '피에 누아르(Pied-Noir, 프랑스어로 검은 발이란 뜻)'라고 한다. 1830년 프랑스의 알제리 점령부터 1962년 알제리 독립까지 알제리에 있던 프랑스인, 넓게는 유럽계 사람을 말한다. 지역을 넓혀 알제리뿐 아니라 모로코, 튀니지 등 프랑스의 식민 통치를 받은 북아프리카 지역의 유럽계 주민을 의미하기도 한다.

카뮈 같은 '피에 누아르'는 이중성의 존재다. 프랑스인이면서 알제리인이지만, 동시에 어느 쪽도 아닐 수 있다. 이러한 이중성이 그의 부조리 문학의 기반이 됐다는 시각이 있다. 또한 지식인을 겨냥한 글을 쓰는 사르트르와 달리, 노동계급 출신인 카뮈는 노동자를 고려하며 문학 작업을 했다. 노동자 같은 평범한 사람이 어떻게 부조리를 넘어설지를 고민한 것이다.

결국 삶의 무의미를 인식하면서도 받아들이고 씩씩하게 견뎌내는 것, 즉 '반항'을 통한 인간 주체성 회복이 그 길이라고 카뮈는 말한다. 〈시지포스 신화〉의 시지포스란 존재가 보여 준 상징성이 〈페스트〉에 그대로 나타난다. 삶은 무의미하지만 잘 살기를 포기할 만큼 무의미한 것은 아니다.

22

어두운 상점들의 거리

파트릭 모디아노(1945년~, 프랑스 · 2014년 수상)

파리 근교 도시인 불로뉴비양쿠르에서 유대계 이탈리아인인 사업가 아버지와 벨기에인 연극배우인 어머니 사이에서 태어났다. 18살에 글쓰기를 시작해 1968년 소설 〈에투알 광장〉으로 로제니미에상과 페네옹상을 받으며 화려하게 데뷔했다. 〈외곽 순환도로〉로 1972년 아카데미 프랑세즈 소설 대상을, 〈슬픈 빌라〉로 1976년 리브레리상을, 〈어두운 상점들의 거리〉로 프랑스의 가장 권위 있는 문학상인 공쿠르상을 1978년에 수상했다. 데뷔 이후 이처럼 발표하는 작품마다 평단과 독자들의 찬사를 받았다.

작가는 첫 소설을 발표한 이후 2년에 한 권꼴로 소설을 냈고 이러한 꾸준하고 왕성한 활동은 노벨문학상을 수상한 후에도 이어졌다. 작품 활동 내내 어렴풋한 과거로 시선을 꽂은 채 그곳의 유령 같은 존재들의 정체를 추적했다. 시간 저편으로 사라져간 애틋한 흔적을 시적인 아름다움을 동원해 되살렸고 기억, 정체성, 그리고 과거와 관계를 탐구한 우리 시대의 프루스트다. 〈슬픈 빌라〉 〈청춘시절〉 〈팔월의 일요일들〉 등은 영화로 만들어졌다.

"나는 아무것도 아니다. 그날 저녁 어느 카페의 테라스에서 나는 한낱 환한 실루엣에 지나지 않았다. 나는 비가 멈추기를 기다리고 있었다. 위트와 헤어지는 순간부터 소나기가 쏟아지기 시작했던 것이다."

몇 시간 뒤 우리는 흥신소의 사무실에서 마지막으로 다시 만났다. 흥신소 문을 닫기로 한 위트가 앞으로 어떻게 할 것이냐고 나에게 물었다. "나요? 추적할 일이 하나 있어요." "추적할 일…?" "예. 나의 과거를 추적하는 일 말입니다…."

그가 미소를 지었다. "당신이 언젠가는 과거를 되찾게 될 거라고 늘 생각했어요. 나는 그것이 정말 그럴 만한 가치가 있는 건지 잘 모르겠어요…." 그는 되돌아보지도 않고 한걸음에 나갔다. 나는 공허함을 느꼈다. 그 사람은 나에게 매우 중요한 사람이었다. 그가 없었더라면, 그의 도움이 없었더라면 지금부터 10년 전, 내가 갑자기 기억상실증에 걸려 안개 속에서 더듬거리고 있었을 때 나는 무엇이 되었을지 알 수가 없다. 그는 나의 처지를 매우 딱하게 여겼고 그의 넓은 친분을 통해 심지어는 나의 신분증명서까지 만들어주었다. "여기 있소." 그는 신분증과 여권이 들어 있는 큰 봉투를 내밀며 말했다. "이제부터 당신 이름은 '기 롤랑'이오."

소설의 1장 내용이다. 1장에서 소설의 얼개를 다 밝힌 셈이다. 흥신소에서 탐정 일을 하다가 막 이 일을 그만둔 주인공 롤랑이 자신에 관한 모든 기억을 잃어버린 인물임이 밝혀진다. 기 롤랑이란 이름 또한 임의로 부여된 것임을 독자에게 전한다. 이제 그는 진짜 탐정 일을 시작한다. 마치 의뢰받은 일을 하듯 자신의 과거를 추적한다. 실마리는 한 장의 귀 떨어진 사진과 부고(訃告)뿐이다. 그것을 단서로 피아니스트, 정원사, 사진사 등 자신과 관련된 기억을 조금이라도 가지고 있는 사람을 한 명씩 만나면서 점점 과거 속으로 들어간다. 퍼즐처럼 하나씩 짜 맞춘 기억에서 한편으로 뚜렷해지면서도 한편으로는 더욱 불확실해지는 '잃어버린 시간'과 대면한다.

단편적이고 불확실한 증언이 모여 1940년대 밀수와 가짜 증명서, 배반으로 가득 찬 어느 집단을 지시한다. 거기서 환기된 '페드로'라는 사람이 기억상실자인 탐정과 동일인일까. 그는 패션모델을 하다가 전쟁 말기에 스위스로 잠적한 저 신비스러운 '드니즈'를 사랑했는가. 그것은 그의 과거인가, 아니면 어떤 다른 사람의 과거인가. 기나긴 기억의 여정이 끝에 닿도록 주인공은 미궁에서 헤어나오지 못한다. 기억 자체에 집착했다기보다 기억의 회복 과정이 더 중요하다는 뜻일까.

기억상실증에 걸린 탐정이란 독특한 인물이 주인공이고, 이 인물이 자신의 기억과 추격전을 벌이는 듯 박진감 넘치게 스토리를 전개한 것이 특징인 소설이다. 제2차 세계대전이 끝난 해에 출생한 작가는 전쟁의 참상이 그대로인 가운데 태어나고 유년기를 보낸, 말하자면 과거를 상실한 세대의 일원이다. 작가는 이 작품을 통해 '기억상실'로 명명될 프랑스 현대사의 비극을, 나아가 인간 존재의 소멸과 그 안의 자아 찾기라는 인류 공통의 문제의식을 표현했다. '잃어버린 시간'을 신비하고 몽환적인 언어로 표현했다는 평가를 받았다.

어두운 기억의 거리를 헤매는 한 남자의 쓸쓸하고도 아름다운 여정을 담은 〈어두운 상점들의 거리〉는 현대 프랑스 문학이 거두어들인 가장 큰 성과 중 하나라 찬사를 받으며 모디아노를 대표하는 작품이 되었다. 소멸한 과거, 잃어버린 삶의 흔적, 대전(大戰)의 악몽과 세대 공통의 경험을 주제로 하여 인간 존재의 근원을 파고들었기 때문이다.

이야기의 끝에서도 주인공은 자신이 누구인지 확신하지 못한다. 자신이 과거에 어떤 삶을 살았는지를 거의 다 밝혀내고도 과거를 회복하지 못한 채 정체성은 안개 속을 떠돈다. 이러한 열린 결말은, 책의 마지막 장을 덮는 독자에게 나를 축적하여 현재를 이룬 과거란 무엇이고, 과거에 과거의 지위를 부여하는 기억이란 무엇인지에 관한 질문을 던진다. 이 질문은 결국 '나는 누구인가'라는 철학적이고 근본적인 질문으로 연결된다.

겉보기에 이 소설은 어느 기억상실자가 몽유병 환자처럼 비합리적이고 비현실적인 탐색을 수행하는 미스터리를 부각한다. 주인공의 기억의 모험은 미스터리를 넘어서고 인물 자신도 초월하여 어떤 세계를 제시한다. 짙은 어둠 속에서 더듬어 실체를 구성하듯 허구나 다름없어 보이는 과거의 현상에 접근하는 모습은 흥미롭다. 어떤 향기를 언젠가 이미 맡아본 냄새라고 기억한다. 또한 가슴을 떨며 지나간 길을 기억한다. 그 거리에 가면 옛날에 들었던 발소리를 기억해낼 수 있을 것 같다. 저 창문은 오랫동안 누군가를 기다리며 바라본 곳이다. 그렇게 과거의 조각들을 기억하며 주인공은 이따금 기억한 과거 속으로 침투해 잠깐 거기서 살기도 한다. 완벽하게 회복하지도 못하고 찾아낸 기억이 맞다는 확신도 못하는 이런 탐색의 의의는 무엇일까. 작가만이 행할 수 있는 존재에 관한 근본적인 문학적 성찰이 아닐까.

23

지상의 양식

앙드레 지드(1869~1951년, 프랑스, 1947년 수상)

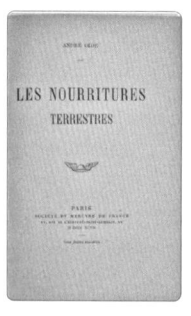

법학 교수인 아버지와 청교도인 어머니 사이에서 태어났고, 11살 때 아버지가 사망한 뒤로는 독실한 개신교 신자인 어머니 밑에서 엄격한 기독교 윤리로 훈육받았다. 예민하고 신경성 발작이 잦아서 학교생활에 적응하는 데 어려움이 많았다. 18살에 문학에 빠지면서 상징주의 영향을 받았고 하인리히 하이네를 탐독했다고 한다. 그리스 신화와 성서에도 지대한 관심을 기울였다.

아르투어 쇼펜하우어·르네 데카르트·프리드리히 니체 등의 저서를 읽고, 기독교의 영향을 받으며 초기엔 종교적 색채가 강한 작품들을 썼으나 이후 자신의 동성애 경향과 부딪히며 무교로 전향하였다.

아내는 2살 연상의 사촌 누나 마들렌 롱도. 이 경험이 자전적인 소설 〈좁은 문〉을 집필하는 계기가 됐다. 그러나 결혼 생활이 원만하지 않아서 두 사람은 평생 정신적인 부부로 지내는 '백색결혼(Mariage Blanc)' 상태로 지냈다. 마들렌이 1938년 숨질 때까지 24년을 별거했다. 두 사람의 결혼 기간 중 지드 친구의 딸 엘리자베트 반 리셀베르그 사이에서 태어난 카트린(1923~2013년)이 지드의 유일한 혈육이다. 지드가 사망한 이듬해 로마 가톨릭 교회는 지드의 모든 작품을 금서로 지정했다. 가톨릭 교회는 1966년에 금서목록을 폐지했다.

앙드레 지드의 인생에서 1893년의 아프리카 여행이 결정적인 전환점이었다는 게 지드 연구자의 일치된 의견이다. 그는 아프리카의 뜨거운 태양과 야생의 대지에서 강렬한 생명력을 느꼈고, 그때까지 그를 구속한 도덕적·종교적 억압에서 해방되었다. 그곳에서 그는 소생하였다. 소생의 비밀을 품고 귀국해 풀어낸 작품이 〈지상의 양식〉이다. 영혼을 온전히 개방하고 모든 감각을 열어놓은 채 자연과 생명을 맞아들이고 찬미하라고 말한다.

이 책은 특정한 줄거리가 있는 소설이 아니며 주로 작가의 영혼 밑바닥에 울려 나오는 솔직한 깨달음을 날것으로 표현한다. 지드는 "나는 문학이 견딜 수 없을 만큼 인공적 기교와 고리타분한 냄새로 찌들어 있던 시기에 이 책을 썼다. 당시 나는 문학이 다시금 대지에 닿아 그저 순박하게 맨발로 흙을 밟도록 하는 것이 급선무라고 여겼다."라고 집필 동기를 설명했다.

지드는 욕망과 본능만이 삶의 길잡이며, 가식을 벗고 벌거숭이로 인생을 대면하라고 말한다. 또한 집착하지 않고 영원한 열정을 몰아가는 사람만이 행복하다며, 행복은 오직 순간 속에 있다고 주장한다.

이 책에서 지드는 "맨발에 닿는 세계의 생살"을 서정적이고 수수하게 그렸다. 하늘보다는 땅, 신보다는 인간, 영혼보다는 육체, 관념이나 이성보다는 현실의 여러 모습과 인간의 욕망이 우선한다고 말한다. 찬란한 청춘의 시기를 사는 젊은 이들에게, 순간의 현존에 온 마음을, 온 존재를 기울이라고 말한다. "활짝 핀 꽃보다는 약속이 가득한 꽃망울을, 소유보다는 욕망을, 완성보다는 발전을 사랑"한 지드는 지상의 아름다운 것을 외면하지 말라고 청춘에게 권유한다. 더불어 작가의 권유마저 무시하고 청춘이 오직 자신에 집중함으로써 올바로 삶을 인도할 수 있다는 과격한 결론을 내세운다. 이야기가 없는 이 작품은 다음과 같은 주장으로 결말을 대신한다.

"내 책을 던져버려라. 이것은 인생과 대면하는 데서 있을 수 있는 수많은 자세 중 하나에 불과하다는 것을 명심해라. 너 자신의 자세를 찾아라. 너 자신이 아닌 다른 사람도 할 수 있었을 것이라면 하지 말라. 너 자신이 아닌 다른 사람도 말할 수 있었을 것이라면 말하지 말고– 글로 쓸 수 있었을 것이라면 글로 쓰지 말라. 너 자신의 내면 이외의 그 어느 곳에도 있지 않은 것이라고 느껴지는 것에만 집착하고, 그리고 초조하게 혹은 참을성을 가지고 너 자신을 아! 존재 중에서도 결코 다른 것으로 대체할 수 없는 존재로 창조하라."

20세기 프랑스 문단을 대표하는 작가로 인간 내면을 정직하게 탐구해 그 결과를 작품에 담아냈다. 20대 중반 지드는 북아프리카 여행 중 알제리에서 어린 소년을 만나 동성애를 경험하고 성장기에 그를 옭아맨 굴레에서 벗어나 자신의 성 정체성을 완전히 인정하게 된다. 이 경험은 그에게 강하게 영향을 미친 엄격한 기독교 윤리에서 해방을 가져다주었으며, 생명력에 집중하고 누리는 삶이 자신이 원하는 삶임을 깨닫게 해준다.

아프리카 여행에서 돌아오고 얼마 지나지 않아 어머니가 죽고, 사촌과 결혼해 정신적으로만 사랑하는 명목상의 부부가 된다. 1896년 라로크 자치구의 시장으로 당선된 후 시장으로 재직하며 아프리카 여행의 경험을 바탕으로 〈지상의 양식〉을 완성했다. 젊음의 열광과 자유의 삶에 관한 고백록 격인 이 책은 1897년 출간 당시 별다른 주목을 받지 못했다. 소설도 아니고 에세이도 아니면서 동시에 소설과 에세이이기도 한 이 작품은 독자들에게 철저히 외면당했다. 너무나 새롭고 독창적이어서 평단에서도 주목하지 않았다.

지드는 "이 책이 얼마나 그 시대의 취미와 충돌하였는가는 당시 이 책이 인기를 얻는 데 완전히 실패하고 말았다는 사실만 보아도 알 수 있는 일이다. 어떤 비평가도 이 책에 대하여 언급한 바가 없었다. 10년 동안 이 책은 겨우 500부가 팔렸을 뿐이다."라고 말했다. 그러나 20년 뒤에 이 책은 독자로부터 열광을 받게 된다. 헤르만 헤세의 〈황야의 이리〉가 히피의 고전 혹은 성서로 읽혔듯, 해방과 자유를 역설한 이 책 또한 전후 세대로부터 각광을 받게 된다. 전쟁을 겪은 전 세계 젊은이들은 육체와 정신의 해방 찬가인 〈지상의 양식〉에 박수를 보냈다. 개인의 욕망을 부정하는 종교와 윤리로부터 해방을 꿈꾼 젊은 세대에게 자신의 내면에 솔직하여지라는 지드의 호소는 폭발적인 반응을 불러일으켰다. 지드에게는 그의 문학의 출발점이 되기도 한다.

지드는 종교와 도덕의 구속과 타율성을 거부하고 새로운 도덕성의 탐구를 통해 인간 정신의 특별한 풍토를 만드는 데 기여한 공로로 1947년 옥스퍼드 대학교에서 문학박사 명예학위를 받았다. 지드는 내면의 고백을 문학으로 승화한 대표적 작가이며 소설 구성 등에서 실험적인 시도를 한 것으로도 유명하다.

24

구토

장 폴 사르트르(1905~1980년, 프랑스 · 1964년 수상(거부))

실존주의를 대표하는 철학자. 알베르 카뮈와 함께 프랑스 실존주의 문학을 대표하는 작가이기도 하다. 페미니스트인 시몬 드 보부아르와 계약결혼한 것이 당대에 화제였다.

아버지는 해군 장교, 어머니는 독일어 교사였고, 태어난 지 15개월 만에 인도차이나 전쟁 후유증으로 아버지가 사망하고는 10살이 될 때까지 외가에서 엄격한 외할아버지 슬하에서 성장했다. 어머니가 재혼하며 이주했는데, 전학한 곳에서 잘 적응하지 못했다고 한다. 사시 등 외모에 열등감이 있었다. 고등사범학교 수석 입학에 이어 1급 교원 자격시험에도 수석으로 합격했다. 같은 시험의 차석은 평생의 반려자인 보부아르였다. 두 사람은 언제든 해지가 가능한 계약결혼을 맺었지만 평생을 함께했고 사후에 함께 묻혔다. 제2차 세계대전에 징집됐다가 독일군에 포로가 되어 수용소에서 지낸 경험이 있다. 1943년에 마르틴 하이데거의 영향을 받은 〈존재와 무〉를 출간하며 실존주의 철학자로 지위를 굳힌다. 그의 사상에는 마르틴 하이데거 외에 에드문트 후설의 현상학이 영향을 미쳤다.

철학 소설 희곡 평론 등 다양한 집필활동과 함께 끊임없이 현실 문제에 목소리를 낸 좌파 지식인이었다. 1964년 노벨문학상 수상자로 선정됐지만 거부했다.

앙투안 로캉탱이란 인물의 일기 형식의 글이다. 1932년 1월 무렵 일기가 시작한다. 중부 유럽, 북아프리카, 극동 지역을 여행한 로캉탱은 롤르봉 후작이란 역사적 인물을 연구하기 위해 3년 전부터 부빌이라는 가상의 프랑스 해안 도시에서 살고 있다.

소설은 1932년 1월 25일 일요일에 작성한 것으로 돼 있는 "그 무엇이 나에게 일어났다."라는 문장으로 시작한다. 주요 등장인물인 독학자(독서광으로 번역하기도 한다)가 곧바로 나온다. 로캉탱은 도서관을 다니면서 롤르봉 후작의 삶을 조사하고, 독자는 로캉탱의 기록을 통해 롤르봉 후작 연구를 포함한 로캉탱의 삶을 들여다보게 된다. 곧 롤르봉 후작 연구보다 더 중요한 사안이 로캉탱이 맞닥뜨린 '구토'임이 드러난다.

"이제 알겠다. 내가 언젠가 바닷가에서 그 돌멩이를 들고 있었을 때의 느낌이 분명히 생각난다. 그것은 일종의 달착지근한 욕지기였다. 얼마나 불쾌한 느낌이었던가! 그 느낌은 분명히 돌멩이로부터 왔다. 돌멩이에서 내 손으로 전해지고 있었다. 그래, 그거였다. 바로 그거였다. 손안에 느껴지는 일종의 구토증이었다."

이렇게 시작된 로캉탱의 구토 증상은 일회성으로 그치지 않고 계속된다. 문손잡이를 잡으면서, 타인의 얼굴을 보면서, 땅에 떨어진 종이쪽지를 보면서, 거울 속의 자기 얼굴을 보면서, 나이프 손잡이를 잡으면서, 마로니에 뿌리를 보면서 구토는 확산한다. 로캉탱은 자신의 삶 전체를 지배한 '구토'에서 어떻게 벗어날 수 있을까.

로캉탱은 고독한 사람의 전형으로 그려진다. 풍족한 연금생활자이기에 생활하는 데 필요한 돈이 부족하지 않지만, 아무와도 소통하지 않고 오직 과거의 인물을 연구하며 살아간다. 어느 날 바닷가에서 물수제비를 뜨려고 돌멩이를 집어 던지려는 순간에 든 '구토'의 느낌이 어떤 자각 혹은 각성을 일으킨다.

도서관에서 마주쳐 로캉탱이 유일하게 교류하게 된 독학자는 도서관의 책을 알파벳 순서로 읽어가는 자칭 휴머니스트. 그의 과시적이고 허영심이 묻어나는 지식 추구에 불편함을 느낀다. 단 한 번의 불편한 식사와 함께 둘의 관계가 파탄이 난다.

과거에 사랑한 안니를 종종 떠올리며 안니가 자신을 구원할지 모른다고 상상하고, 실제로 안니로부터 파리에서 만나자고 연락이 오자 상상이 희망으로 부풀어 오르지만, 단 한 번의 짧은 만남은 좌절로 끝난다. 안니와 재회를 무익하게 끝내고 부빌로 돌아온 로캉탱은 자신이 과거의 역사를 공부할 것이 아니라 현재의 이야기를 소설로 써야겠다고 결심하며 부빌을 떠난다.

소설 〈구토〉의 주인공 로캉탱은, 철학교사로 일하며 작가를 꿈꾼 사르트르의 분신이다. 이 작품은 사르트르의 철학적 사유를 문학으로 형상화한 작품이다. 애초에 철학 에세이로 작성한 것을 보부아르가 대중에게 다가가기 쉬운 소설로 써보라고 해서 탄생한 게 〈구토〉다. 따라서 사르트르가 이 작품을 보부아르에게 바친 것이나, 첫 독자로서 〈구토〉를 읽은 보부아르가 "형이상학적 진리와 감정을 문학적 형태로 표현했다."라고 반응한 것은 당연하다.

사르트르 철학에는 신이 없다. 이 세계는 신의 논리, 즉 필연성에서 벗어나 우연성, 즉 인간의 논리 아래 놓인다. 따라서 이 소설에서 안니가 말하듯 인간은 그저 세상에 '던져진 채' 살아갈 뿐이다. 아무런 이유 없이 그냥 거기에 있는, 쓸데없는, 남아도는, 잉여의 모습으로 삶을 버텨낸다. 그런 무의미를 각성한 문학적 상징이 구토다.

20세기 전반부의 양대 세계대전를 겪은 인류의 위기감과 황폐함을 사르트르는 문학적이고 철학적인 감수성으로 공감한다. 과거에 축적한 지식과 영광에 안주하는 지식인의 자기기만, 소시민적 권태와 부르주아의 위선, 진정한 소통 없이 무의미한 대화를 주고받는 인간의 소외를 포착한다. 만일 그 모든 현상에 정면으로 맞선다면 실존

- '구토'는 무엇을 뜻하나?
- 실존이 본질에 앞선다는 사르트르의 말을 고민해 보자.

의 가능성을 엿볼 수 있다.

구토는 실존으로 가는 문이다. 사르트르의 첫 소설 〈구토〉는 불합리와 부조리가 만연한 시대를 고민하며 실존주의의 터를 닦은 그의 사유를 세상에 알린 작품이었다. 삶의 의미를 찾지 못하고 무력감에 짓눌린 현대인의 방황을 그린 이 작품은, 실존주의의 시작을 알렸고 실존주의의 영향이 시들해진 지금에도 고전으로 힘을 발휘하고 있다. 절망과 체념을 보여주면서 용기와 희망을 동시에 말하기 때문이다.

사르트르는 이 책의 제목으로 '멜랑콜리아'(우울)나 '앙투안 로캉탱의 기이한 모험'을, 책에 두를 띠지에는 '모험은 없다'를 염두에 두었지만 출판사의 의견에 따라 '구토'로 결정되었다. 역사보다는 소설, 살아가는 것보다는 이야기하는 것, 안주보다는 모험을 택해야 한다는 진취성이 원래 전제되었던 셈이다. 이 책은 실존주의의 중요한 개념인 부조리를 로캉탱의 생각을 통해 정리해 놓았다. 카뮈의 부조리 개념과 비교해 보는 것도 좋겠다.

25

장 크리스토프

로맹 롤랑(1866~1944년, 프랑스 · 1915년 수상)

1888년 파리 고등사범학교에 재학 중이던 20대 초반의 로맹 롤랑은 대문호 톨스토이에게 편지를 쓴다. 답장을 기대하고 보낸 편지가 아니었지만, 60대에 들어선 거장은 생면부지 청년이 보낸 편지에 "참다운 작가의 조건은 인류를 사랑하는 것"이란 조언을 보냈다. 이 편지가 롤랑의 삶에 적잖은 영향을 미친 것은 당연하다.

예술사와 음악사 교수로 일했다. 유명한 드레퓌스 사건(1894~1899년)이 일어나자 드레퓌스 대위를 옹호하며 군국주의와 국가주의에 반대했다. 베토벤, 미켈란젤로, 톨스토이, 간디 등 위인의 전기를 남겼다. 음악에 조예가 깊어 음악평론을 썼으며, 작가가 특별히 좋아한 베토벤의 생애를 소설로 만든 〈장 크리스토프〉를 1900년 창간된 〈반월수첩(半月手帖)〉이란 매체에 1904~1912년에 걸쳐 연재하였다.

1914년 스위스 여행 중에 제1차 세계대전이 일어나자 그대로 스위스에 머물며 '국제 적십자 전시 포로 정보국'에서 일했다. 반전평론집를 발표하는 등 프랑스 · 독일 양국의 편협한 애국주의를 비판했다. 평화주의와 국제주의를 일관되게 주장하였고, 파시즘이 대두하자 반파시즘과 반나치즘 활동과 저작으로 맞선 양심적인 지식인이다.

참고: 〈Cahiers de la Quinzaine〉에 17권 10부작 3시리즈로 발표되었다.

줄거리

독일 라인강변의 작은 마을에서 밤낮 술에 취해 있는 음악가 아버지와 마음씨 착한 하녀 사이에서 장 크리스토프가 태어났다. 신동 소리를 들을 정도로 음악에 재능을 보인 크리스토프를 아버지는 연주가로 키우려고 하였으나, 크리스토프는 작곡가를 꿈꾼다. 하지만 아버지의 방탕한 생활로 곤경에 처한 가족을 위해 크리스토프가 피아노 레슨 등을 하며 생계를 유지한다. 갑작스럽게 아버지가 죽고, 그 사이에 우정의 실패, 신분차이로 인한 첫사랑의 좌절 등을 겪은 크리스토프는 하나의 '인간'으로 자신을 자각한다.

예술가로서 무한한 창조력이 내면에 싹트며 새로운 사랑에 눈을 뜬다. 더불어 독일 사회와 예술계의 허위의식에 직면해 돌파를 결심한다. 그러나 권위적이고 부패한 사회와 음악계의 위선에 실망해 결국 다른 세상에 눈을 돌리게 된다. 프랑스에서 자유로운 정신의 가능성을 발견하고 프랑스 도피를 계획한다. 어느 날, 우연히 만난 프랑스인 가정교사 앙트와네트에서 아름다운 영혼을 발견한다. 불의의 다툼을 계기로 크리스토프는 독일을 떠나 파리에 간다.

동경한 파리는 마찬가지로 엉망이어서 또다시 실망한다. 크리스토프는 파리에서 고독과 싸우면서 앙트와네트의 남동생인 올리비에와 우정에서 위로를 얻는다.

세월이 지나며 크리스토프는 예술가로서 명성을 높여간다. 결혼하며 크리스토프와 헤어졌다가 다시 돌아온 올리비에는 폭동 속에서 어린이를 구하려다가 자신이 희생된다. 그 폭동에 휘말린 크리스토프 또한 정당방위 과정에서 뜻하지 않게 살인을 저지른다. 스위스로 도망하여 잠시 이런저런 연애에 빠졌다가 다시 음악에 몰두하며 늙어 간다. 영혼의 평정을 찾으며 음악과 사랑에서도 성숙한다. 옛 친구인 올리비에의 아들과 연인이었던 그라티아의 딸을 결혼시키고, 크리스토프는 어렸을 때 들었던 종소리와 라인강의 물소리를 들으며 조용히 숨을 거둔다. 세계적인 거장이 된 그는 마지막 순간에 "이름이 아닌 작품이 남겨지길 원한다."는 말을 남긴다.

크리스토프의 모델은 작가가 평생 경애한 루트비히 판 베토벤이었다. 사회소설이자 대하소설로서, 독일 및 프랑스에 대한 신랄한 문명비평이 포함되어 있다. 장 크리스토프의 소년시절, 청년시절, 장년기, 생애 완성기를 포함하여 고난과 역경 속에도 피어나는 위대한 인간의 삶을 그렸다. 공간은 독일에서 프랑스를 거쳐 스위스로 이동하고 시간의 흐름 속에 수많은 사건을 겪으며 인간 정신이 고양되는 모습을 담았다.

소설 〈장 크리스토프〉는 시대의 험한 파도를 극복하고 예술적 성취에 도달한 위대한 인물의 이야기다. 관통하고 있는 덕목은 '불굴의 의지'다. 이 작품은 단순한 소설이 아니라, '신앙의 책'이라고 작가는 말한다. 20세기 대하소설의 선구적 작품으로 여겨진다.

한 마디로 크리스토프란 인물이 어떤 역경에도 굴하지 않고 인간 완성을 목표로 투쟁하는, 위대한 영혼의 생성사를 그린 교양소설이다. 전반적으로 베토벤을 염두에 두었고, 크리스토프의 유소년 시절은 베토벤을 많이 참조했다. 발표 당시 독자의 열광적인 반응을 얻은 〈장 크리스토프〉를 롤랑은 음악소설이라고 불렀다. 음악사 교수답게 작품 전체에 교향악적인 감정의 통일을 부여하려던 의도와 연관된다.

자유와 진실을 위해 사회의 온갖 인습과 악덕에 맞서 투쟁하다가 여러 번 쓰러지지만, 다시 일어서기를 반복하며 마침내 크리스토프는 생과 사의 조화에 도달하는, 음악과 인생에서 모두 거장이 된다. 제1차 세계대전을 앞둔 유럽 문명의 불안한 시기를 사는 사람들에게 이러한 크리스토프의 모습은 산다는 것에 관하여 신앙과 용기를 주었다.

생각거리

- '위대한 영혼'은 어떤 사람을 일컫는 말일까?
- 그냥 승리하는 것이 아니라, 인간의 옹졸함을 정복하는 승리자는 어떤 모습일까?

"싸우기도 전에 항복하는 것은 안 된다. 인생에서 때때로 습격해오는 여러 가지 비참함은 하나의 시련이 될지도 모른다. 그것을 영광의 길로 이끌어가는 시련이라고 생각하자. 장 크리스토프의 마음속에 운명의 소리가 들려왔다. 가라! 앞을 향해 가라! 쉬지 말고 나아가라! (중략) 고뇌를 피하지 말아라."

베토벤이 작품의 모델이지만, 롤랑의 전체적인 삶과도 겹쳐진다. 지나고 보니 롤랑이 이 작품을 쓰며 자신의 삶을 설계하고 예언한 듯하다. 그 또한 운명과 시류에 굴복하지 않는 의지의 지식인이었고, 인문학적 이상주의자였다. 톨스토이와 간디의 비폭력주의를 지지하고 전쟁에 반대해 평화주의를 부르짖었으며, 국가주의 · 나치즘 · 파시즘 등 온갖 억압과 폭력을 비난하고 맞섰다. 장 크리스토프는 베토벤이자 롤랑이며 모든 위대한 영혼이다. 베토벤에 바친 "그는 이제 승리자였다. 인간의 옹졸함을 정복한 승리자였고, 자기 자신의 운명과 비애를 극복해낸 승리자였다."는 찬사는 결국 작가를 포함해 걸출한 인물 모두에게 바쳐진다.

Part 4

독일

싯다르타

헤르만 헤세(1877~1962년, 독일/스위스 · 1946년 수상)

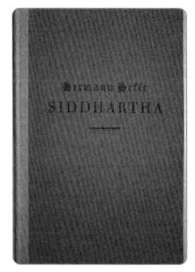

독일 남부 슈바벤주의 뷔르템베르크 소재 작은 도시 칼프에서 태어났다. 아버지는 에스토니아 출신으로 인도에서 선교활동을 한 적이 있는 선교사였고, 외삼촌은 일본에서 활동한 교육자로 불교 연구자였다. 헤세가 동양 사상에 관심을 두게 된 배경이다. 어릴 때 양친과 함께 바젤로 이주하여 살다가 다시 칼프로 돌아왔다.

엄격한 환경에서 자랐고, 독실한 신자인 어머니가 억압적으로 훈육해 모자 사이가 나빴다. 어머니가 위독했을 때는 물론이고 장례식도 찾아가지 않았고 어머니 또한 헤세의 작품을 인정하지 않았다. 실업학교에 다녔고, 이어 명문 기숙신학교에 입학했다가 도망쳐 나왔다. 부적응 및 신경쇠약증 발병과 함께 시인이 되겠다는 굳은 결심이 도망친 이유였다고 전해진다.

학업 중단 후 시계부품공장 견습공으로 일했고, 튀빙겐에서 서점 점원으로 근무하며 글을 쓰기 시작하면서 비로소 자신의 길을 찾았다. 제1차 세계 대전과 제2차 세계 대전을 일으킨 조국 독일을 통렬히 비판해 스위스 망명길에 올랐고 스위스에서 사망했다. 말년엔 정원 가꾸기를 즐겼다.

유복한 바라문 가정에서 태어난 주인공 싯다르타가 집을 떠나 삶의 비의를 깨닫는 과정을 그렸다. 일종의 성장소설(Bildungsroman)인데, 주인공이 정신적으로 성장하여 깨달음에 도달하는 내용이기에 성장소설의 전형으로 볼 수 있으나, 주인공이 너무 늙어서 또 너무 완벽하게 성장해 소설이 끝나기에 좀 '과도한' 성장소설이라고 볼 수도 있다.

제목만으로 이 소설을 접한 사람이라면 〈싯다르타〉가 부처의 이야기를 다루었다고 착각할 수 있다. 부처의 실명은 고타마 싯다르타로 고타마가 성이고 싯다르타가 이름이다. 소설의 주인공 싯다르타는 부처가 아니다. 부처는 '고타마'란 성인으로 따로 등장한다. 소설에서 싯다르타가 고타마를 만나는 장면이 등장하나 비중이 크지 않다. 싯다르타는 곧 고타마를 떠나 다시 구도의 길을 간다.

헤세는 고타마 싯다르타를 고타마와 싯다르타로 인수분해한다. 고타마를 떠난 싯다르타와 달리 함께 수행의 길을 떠난 친구 고빈다는 고타마의 제자가 된다. 나중에 고빈다와 조우한 싯다르타는 "이 세상을 속속들이 들여다보는 일, 이 세상을 설명하는 일, 이 세상을 경멸하는 일은 아마도 위대한 사상가가 할 일이겠지. 그러나 나에게는, 이 세상을 사랑할 수 있는 것, 이 세상을 업신여기지 않는 것, 이 세상과 나를 미워하지 않는 것, 이 세상과 나와 모든 존재를 사랑과 경탄하는 마음과 외경심을 가지고 바라볼 수 있는 것, 오직 이것만이 중요할 뿐이야."라고 말한다. 싯다르타가 종국에 도달한 깨달음은 고빈다의 생각과 달라 보인다.

싯다르타는 힌두교도로서 자아인 아트만(Atman)과 우주의 본질인 브라만(Brahman)과 일치, 즉 범아일여(梵我一如)를 추구한다. 그러다가 싯다르타는 연기의 사슬을 벗어나 해탈해야 한다고 믿는 고타마의 무아론(無我論)의 가르침을 듣는다. 그러나 싯다르타는 그 가르침에 만족하지 않고 엉뚱하게 세속에 귀의한다. 정신세계의 최극단을 추구하다가 감각적인 세상으로 들어가 버린다.

거기서 여인을 만나 사랑과 관능을 익히고 상인을 만나 돈과 탐욕을 배운다. 어느 날 다시 문득 무엇인가가 잘못되었음을 본능적으로 깨닫고 속세를 떠난다. 그가 최종적으로 귀의한 곳은 강이다. 직업으로는 뱃사공이다. 속세에서 자신도 모르게 태어난 아들을 만나기도 하면서 강에서 늙어간다. 고빈다와 싯다르타 사이에서 펼쳐진 소설 마지막의 대화는 헤세가 독자에게 전하는 삶과 구원에 관한 조언이다.

'인도의 시(詩)'라는 부제가 붙은 것과 '싯다르타'라는 제목에서 짐작할 수 있듯이 서양인의 입장에서 신비로운 동양을 무대로 구도의 모습을 그린 작품이다. 헤세가 일년 반 동안 창작이 거의 불가능할 정도로 심한 우울증을 앓다가 정신 치료를 받은 후 발표한 작품이다.

헤세는 싯다르타란 인물을 통해 새로운 깨달음의 경로를 모색한다. 그러나 싯다르타가 가는 길은 불교의 길이 아니고, 부처의 길이 아니다. 인물의 배경도 살짝 다르다. 대표적으로 고타마 싯다르타는 크샤트리아 계급인데, 소설 속의 싯다르타는 브라만 계급이다.

〈싯다르타〉는 〈데미안〉 〈나르치스와 골드문트〉 〈유리알유희〉 등과 함께 한국인이 가장 사랑하는 외국 소설가 헤르만 헤세의 대표작으로 꼽힌다. 마지막 작품인 〈유리알유희〉와 마찬가지로 〈싯다르타〉도 물에서 끝난다. 헤세 소설을 관통하는 이항대립의 조화로운 해법을, 변증법적 지양과 다른 방식으로 두 소설이 제안한 셈이다. 종교를 다루었고, 그냥 어른이 되는 게 아니라, 득도를 염두에 두었기에 노년을 소설의 종점으로 설정하는 게 어쩔 수 없었을 것 같다.

생각거리

• 도를 찾아 출가하여 수행하던 싯다르타는 왜 다시 세속의 삶에 뛰어들었을까?

• 소설에서 보여준 고타마의 길과 싯다르타의 길을 비교해 보자.

힌두교의 핵심교리인 범아일여를 표면의 논리로 살펴보자면, 같아짐 즉 '일여'에 도달하려면 '범'과 '아'를 모두 알아야 한다. 둘의 실체를 각각 깨우치면서 일치를 모색하는 것까지, 마치 플라톤을 통달한 다음 아리스토텔레스 사상에 정통한 사람이 되어 둘을 아울러야 하는 난제를 마주 대한 듯하다.

실존 인물인 부처나 소설의 싯다르타는 이러한 어려움을 돌파한 인물로 보인다. 헤세는 고타마 싯다르타를 둘로 나누면서 부처의 해법과 다른 싯다르타의 길을 독자에게 제시했다. 해탈과 열반을 향해 도움닫기를 하는 대신 싯다르타는 어리석음에 불과할지 모르지만 티끌로 이루어진 세속의 삶을 파고든다.

삶을 사는 사람은 삶 너머에서 삶의 진리를 찾아서는 안 된다고 싯다르타는 말한다. 일여나 합일은 두 개의 차이를 깨닫고 차이에도 불구하고 하나임을 억지로 깨닫거나, 삶 너머로 이탈하며 초월적 합일을 이루는 범접하기 어려운 방식을 제시한다. 헤세는 이 소설을 통해 일여나 합일 대신 그 자체인 삶을 자각하고 삶을 사랑하는 길을 걸어야 한다는, 평범하지만 쉽지 않은 구도의 길을 제안한다.

마의 산

토마스 만(1875~1955년, 독일 · 1929년 수상)

아버지는 전형적인 북부 독일인으로 엄격하고 강직한 사람이었으며, 브라질계인 어머니는 낭만적이고 자유분방한 성격이었다. 형 하인리히 만도 저명한 작가다. 작가는 〈토니오 크뢰거〉라는 자전적 소설에서 "사려 깊고 철저하고 엄밀하셨던 아버지는 청교도 정신을 타고난 북부 기질의 소유자셨다. 불분명한 이국적 혈통의 어머니는 아름답고, 감정적이며, 소박하면서도 동시에 부주의했고 감정적이며 충동적인 자유분방함을 지니셨다."라고 적었다.

1891년 아버지가 사망하자 가족이 뮌헨으로 이주한다. 이후 1933년 나치의 박해를 피해 망명하기까지 40년이 넘는 세월을 작가는 뮌헨에서 살았다. 대학 공부도 이곳에서 마친다. 1898년 〈꼬마 프리데만 씨〉를 발표하며 작가로 첫발을 내디딘다. 제1차 세계대전이 발발하자 빌헬름 2세를 비판하고 전쟁의 비참함을 고발하는 정치적 글을 발표했다. 12년이라는 세월을 들여 1924년에 〈마의 산〉을 발표했다.

나치 집권 후 프랑스를 거쳐 미국으로 망명하여 프린스턴 대학교 교수로 있었다. 제2차 세계대전 중에는 BBC의 반(反)나치 독일어 방송을 진행했다. 종전 후 독일로 귀국하지 않고 스위스 취리히에 정착해 여생을 보냈다.

시민계급에 속한 23살 청년 한스 카스토르프는 대학에서 조선공학을 전공하고 조선기사 시험에 합격하여 함부르크의 조선소에 취업을 앞두고 있다. 사회생활에 앞서 고향인 함부르크를 떠나 사촌 요아힘 침센을 방문하기 위해 스위스 고산지대인 다보스의 폐결핵 요양원 '베르크호프'로 향한다. 침센은 이곳에 5개월째 머무르며 치료를 받고 있다.

도착한 뒤 자신에게도 폐결핵 징후가 생겨 카스토르프는 침센과 같이 요양 생활을 한다. 3주로 예정한 여행은 결국 무려 7년으로 연장된다. 러시아 출신의 쇼샤 부인에 마음을 빼앗긴 게 긴 체류의 원인이 된다.

요양원에서 만난 제템브리니는 이탈리아인 환자로 합리주의자이며 진보주의자를 자처하는 인문주의자다. 카스토르프를 이성과 진보, 의무와 과업이 존재하는 산 아래 세계로 돌려보내려고 애를 쓴다. 그러나 쇼샤 부인의 매력에 사로잡힌 카스토르프는 그의 충고를 외면하며 산에서 내려갈 생각을 하지 않는다. 쇼샤 부인은 매력적인 푸른 눈과 관능적인 외모를 지녔으며 질병과 죽음을 상징하는 인물이다. 카스토르프는 요양원에 입원하고 7개월이 지났을 때쯤 쇼샤 부인에게 사랑을 고백하고, 그날 밤 관계를 맺는다. 그녀는 그 이튿날 요양원에서 종적을 감춘다.

카스토르프는, 예수회를 지지하는 반자본주의자인 폴란드인 환자 나프타와 친해진다. 나프타는 육체를 사악한 것으로 받아들이며 병과 죽음을 찬양한다. 그런 연유로 그는 진보주의자 제템브리니와 자주 논쟁을 벌인다. 침센은 병이 완쾌되지 않았지만 요양원 생활에 지쳐 하산한다.

사촌을 떠나보내고 혼자가 된 카스토르프는 요양원 생활의 단조로움을 극복하기 위해 스키를 배운다. 어느 날 스키를 타고 흰 눈이 덮인 계곡을 내려갔다가 길을 잃고 눈보라에 갇힌다. 생사의 갈림길에서 잠깐 정신을 잃고 죽음에 대한 공감에서 벗어나 삶을 사랑해야 한다는 내용의 꿈을 꾼다.

쇼샤 부인이 네덜란드 식민지 자바의 커피 재배업자인 페페르코른을 동반해 요양원에 돌아온다. 페페르코른은 건강과 삶을 긍정하는 디오니소스적 인물이다. 그는 카스토르프와 쇼샤 부인의 친밀한 관계를 목격하며 자신의 성적 무기력을 괴로워하다가 자살한다. 쇼샤 부인은 요양원을 다시 떠난다. 제템브리니와 나프타는 자유에 관해 논쟁하다가 결투를 벌이고 나프타는 자기 머리를 권총으로 쏘아버린다.

갑자기 제1차 세계대전이 일어났다는 소식이 전해진다. 카스토르프는 마의 산에서 내려와 전쟁에 참여한다.

유명한 문예이론가 게오르그 루카치는 세계문학사에서 가장 위대한 작가로 토마스 만을 꼽았다. 만의 작품 속에는 세계와 인생의 총체성이 제시되어 있기 때문이다. 조금 어려운 개념인 총체성은 루카치 이론의 핵심 개념이다.

폐렴 증세로 다보스 요양원에서 치료 중이던 아내를 문병하러 간 3주 정도 작가의 실제 체험이 바탕이 돼 〈마의 산〉으로 이어졌다. 이 작품은 독일 문학의 전통적 형식인 교양소설(Bildungsroman)을 계승하면서 동시에 벗어나는 이중적 성격을 지닌다. 교양(Bildung)은 교양과 성장을 동시에 의미한다. 교양소설은 괴테 이래로 주인공이 현실과 대면하고 대결하는 것을 주제로 삼으며 주체와 세계, 이상과 현실 사이의 긴장을 드러낸다. 그러나 〈마의 산〉에서는 이상을 향하는 주인공의 내적 성장이나 발전이 뚜렷하지 않다. 분명 '죽음'의 체험을 통해 주인공이 인도주의로 안내되기는 하지만, 전통적 교양소설에서 나타나는 단계별 게임 같은 발전 대신 정체가 목격된다. 주인공이 종국에 도달하였다 할 휴머니즘이란 것도 전쟁이라는 암담한 현실과 겹쳐진다.

고산지대 호화로운 요양원의 모습은 1차 세계대전을 앞둔 유럽 자본주의의 실상과

- '마의 산'이 상징하는 것이 무엇인지 생각해 보자.
- 작가는 왜 주인공이 전쟁과 마주하는 결말을 구상했을까?

비판을 담았다는 분석이 있다. 작품은 1907~1914년을 다루지만 작가의 시선은 그 이전과 이후의 시대정신까지 내다본다.

젊은 청년 주인공 카스토르프는 요양원에서 인생의 여러 스승을 만난다. 상이한 세계관을 지닌 그들로부터 영향을 받고 교양을 쌓아가지만, 어느 쪽에도 치우치지 않고 모두와 거리를 유지하는 모습을 보인다. 스승들의 의견을 받아들여 자신의 세계를 확장할 뿐 절대적인 수용이 일어나지 않았다. 주인공의 유보하는 성격은 이 작품의 중요한 반전이다. 병과 죽음이 지배하는 마의 산에서 하산한 결과가 전장이라는 결말은 충격적이다.

보기에 따라 작품 구조가 몰락으로 향하도록 짜져 있다. 성장을 통해 주인공이 시민 사회에 편입되는 것이 아니라 오히려 세상과 사회로부터 자유로워지기 때문이다. 그래서 이 소설을 '탈교양소설'로 분류하기도 한다.

그러나 작가는 미래를 이야기한다. 독일 문학의 전통을 이어받는 방식이 아니라 결별하는 방식으로 진지한 미래 성찰을 논한다. 죽음에 공감하는 낭만성은 삶을 긍정하는 진지함으로 바뀌게 된다.

28

카타리나 블룸의 잃어버린 명예

하인리히 뵐(1917~1985년, 독일 · 1972년 수상)

쾰른의 목공예 가문의 여섯 번째 아들로 태어났다. 1939년 쾰른 대학교 독문학과에 입학하자마자 제2차 세계대전에 징집되었다. 전쟁 중 부상하여 야전병원에서 지냈고 꾀병과 서류 조작으로 탈영하기도 했다. 히틀러를 위해서 죽을 수 없었기 때문이었다고 설명했다.

종전 후 귀향하여 전후의 폐허를 주제로 한 소설을 썼다. 1949년 첫 소설 〈열차는 정확했다〉를 시작으로 암담한 참전 경험과 전후 독일의 참상을 그린 작품들을 주로 발표했다. 1953년에 출간한 〈그리고 아무 말도 하지 않았다〉로 대성공을 거두어 작가로서 입지를 탄탄히 했다.

독일 사회의 불평등과 물질주의, 도덕성 결여를 비판하고 가톨릭교회의 부패를 공격한 진보적 지식인이다. 1970년대에는 사회 운동에 적극적으로 나섰고 선거 유세에 직접 참여해 사민당과 빌리 브란트를 적극 지지했다. 1971년 독일인으로서는 최초로 국제 펜클럽 회장으로 선출되어 세계 곳곳에서 탄압받고 있는 작가와 지식인의 석방을 위해 노력했다.

1970년대 중반부터 본격화한 독일 시민사회의 반핵운동과 환경운동의 선두에 섰으며 녹색당 창당에도 의욕적으로 관여하는 등 사회문제에 목소리를 내고 현실에 참여한 행동하는 지식인으로 평생을 살았다.

1974년 2월 24일 일요일, 한 일간지 기자가 살해당하는 사건이 발생한다. 27세의 평범한 여성 카타리나 블룸은 경찰을 찾아와 자신이 그를 총으로 쏘아 죽였다고 자백한다. 어려운 환경에서 자라 가정부로 일하면서도 늘 성실한 태도로 주위의 호감을 샀던 카타리나가 왜 살인을 저질렀을까? 화자는 사건의 진실을 알아내기 위해, 2월 20일 수요일부터 일요일까지 그녀의 5일 행적을 재구성하여 보고한다.

카타리나는 독일의 작은 마을에서 살아가는 성실하고 근면한 여성이다. 집안일과 요리를 완벽히 해내는 유능한 가정부로, 주변에서 인정받는 인물이지만, 동시에 조용하고 사생활을 중시하는 성격이다.

카타리나는 어느 날 친구가 주최한 파티에서 루트비히 괴텐이라는 남자를 만난다. 한눈에 서로에게 빠진 두 사람은 밤을 함께 보낸다. 루트비히는 경찰이 추적 중인 범죄자로, 좌익 활동에 연루됐다는 의심을 함께 받은 상태였다. 그러한 내막을 알지 못한 카타리나는 루트비히를 자신의 아파트에서 재운다.

다음 날 아침, 경찰은 카타리나의 아파트를 급습하지만 루트비히는 사라지고 없는 상태였다. 경찰은 카타리나를 체포해 범죄 조직과 연관성을 추궁하며 강압적인 방식으로 심문한다. 카타리나가 힘겹게 자신을 방어하는 동안 언론은 이미 그녀의 삶을 폭로하고 왜곡된 정보를 퍼뜨린다.

특히 한 대중 매체는 카타리나를 냉혹하고 부도덕한 여성으로 묘사하며, 그녀를 좌익 테러 조직과 깊이 연관된 인물로 몰아간다. 매체는 사실을 확인하는 과정 없이 과거와 사생활을 마구 까발리며, 카타리나를 악마화한다. 이러한 보도의 영향으로 카타리나의 명예와 평판이 한순간에 무너지고 그녀를 알던 사람들이 등을 돌리기 시작한다.

가족과 친구들조차 언론 보도를 믿고 카타리나를 의심하거나 멀리한다. 카타리나의 삶은 급격히 파괴되고, 평범한 일상은 회복할 수 없게 된다. 카타리나는 자신이 옳다는 믿음을 지키며 싸우지만, 언론의 막강한 힘과 사회적 편견 앞에서 점차 지쳐간다.

계속되는 심리적 폭력과 사회적인 압박 속에서 카타리나는 활로를 찾으려는 생각에서 자신을 농락한 기자를 집으로 초대한다. 대화에도 그 기자는 아무런 죄의식을 느끼지 않고 뻔뻔한 태도로 일관하며 섹스나 한탕 하자고 집적댄다. 카타리나는 분노와 휩싸여 기자를 총으로 쏘아 살해하고 경찰에 자수한다. 카타리나는 후회의 감정이 없었고 기가 꺾이지 않았으며, 오히려 왠지 모르게 행복해하는 모습을 보였다. '내가 사랑하는 루트비히와 같은 조건에서' 살게 되었기 때문이라고 말한다.

1975년에 발표된 이 작품은 대중의 호기심에 영합하는 선정적인 황색언론이 한 사람의 명예와 인생을 파괴해가는 과정을 그렸다. 성실하고 평범한 한 여성은 상업적 언론의 허위 보도와 대중의 관음증적 호응에 의해 살인범의 정부, 테러리스트의 공조자, 음탕한 공산주의자가 되고 만다.

이 소설은 언론 재벌 악셀 슈프링거와 뵐의 개인적인 체험을 바탕으로 했다. 소설은 베스트셀러가 되었고 언론계에 대한 뵐의 '문학적 복수'라는 평가를 받았다. 또한 발표한 같은 해에 영화로 만들어져 크게 흥행하였다.

언론의 폭력에 맞선 카타리나의 살인은 당연히 처벌받아야 하는 범죄이긴 하지만 언론 권력의 무책임과 인간의 존엄성 파괴에 대한 강렬한 항의이기도 하다. 현실에서 일어나서 안 되는 일이지만 소설을 통해선 통쾌함을 느끼게 되는 것이 사실이다. 개인의 삶을 철저히 파괴한 언론과 사회적 편견에 관해 도덕적 질문을 던지며, 언론의 역할과 책임, 개인의 권리에 관한 성찰을 요구한다.

이 소설은 황색언론의 폐해와 개인의 존엄에 관한 문제 외에 취향에 관한 계급적 차별 문제를 거론한다. 나중에 카타리나에게 총을 맞는 황색언론 기자가 "그녀 같은 가

- 카타리나 블룸은 왜 살인을 저지르게 되었고, 그 살인을 정당화할 수 있는가?
- 현대사회에서 언론의 기능을 긍정적이고 부정적인 면을 함께 고려하며 생각해 보자.

정부가 영화배우 같은 사람을 거절한다고 하면, 그것도 윤리적인 이유에서가 아니라 취향을 이유로 거절한다면, 누가 그녀의 말을 믿겠는가?"라고 말한다.

사회적으로 낮은 계급에 속하는 카타리나가 자신의 성적 선택의 이유를 윤리가 아니라 취향으로 제시하자 코웃음을 치는 장면이다. 윤리라는 사회적 규범을 들었다면 그나마 '참작'의 사유가 되었을 텐데, 가정부가 영화배우를 거부한 이유로 취향을 거론하자 황색언론 종사자인 베르너 퇴트게스는 거의 분개한다. 여기에는 카타리나가 가정부이기 때문에 사회적으로 인기가 높은 영화배우에게 당연히 매력을 느껴야 한다는 전제가 깔려있다. 가십 미디어가 카타리나에게 드러낸 악의는 그가 감히 주제 넘게 취향을 운운했기 때문이다. 카타리나의 사생활이 문란하다며 폭로하는 와중에 나온 내용이다.

널리 알려졌듯 광고, 미디어, 문화산업은 취향의 획일화에 앞장선다. 특정 브랜드의 옷이나 생활방식이 성공과 매력을 상징하게 되면 소비자는 자신의 본래 선호와 무관하게 성공과 매력의 대세를 추종한다. 본래 선호가 무엇이었는지도 잊힌다. 동시에 만일 누군가 '합당한' 자격 없이 취향을 운운한다면 비난에 직면하게 된다.

29

마음 짐승

헤르타 뮐러(1953년~, 루마니아/독일 · 2009년 수상)

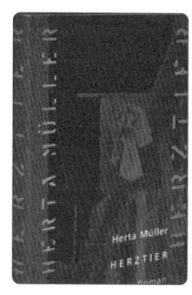

루마니아에 거주하는 독일계 소수민족을 뜻하는 도나우슈바벤(Donauschwaben)인이다. 할아버지는 부유한 농부이자 상인이었으나 공산주의 정권이 들어서며 재산을 몰수당했다. 아버지는 무장친위대(Waffen-SS)로 나치에 부역했고, 어머니는 제2차 세계대전 이후 독일계라는 이유로 우크라이나의 수용소에 보내져 수년의 강제노동을 했다. 이러한 가족사가 뮐러의 작품에 묘사된다.

어릴 때 독일어 학교를 다녔고, 그곳에서 루마니아어 또한 배웠다. 15살에 집에서 떨어진 티미쇼아라의 니콜라우스-레나우-뤼체움(고등학교에 해당)을 다녔다. 이곳에서 공부할 때 하숙을 했고, 주말에만 집에 돌아왔다. 이후 티미쇼아라 서부 대학교에서 독일문학과 루마니아문학을 전공했다.

취업한 이후 루마니아 비밀정보기관 요원이 찾아와 스파이로 활동하라는 종용을 받았으나 거절했다. 1982년 검열을 거쳐 첫 소설인 〈저지대〉를 발표했으나 곧 당국에 의해 금서로 지정됐다. 일자리를 잃고 살해 위협에 시달리다가 1987년에 당시 남편이었던 리하르트 바그너와 함께 독일로 망명했다. 1990년에 이혼 후 현재 남편인 해리 메르클과 재혼했다. 작가 겸 교수로 독일에서 활동하고 있다.

수미상관이다. "침묵하면 불편해지고, 말을 하면 우스워져, 에드가가 말했다. 우리는 바닥에 펼쳐둔 사진들 앞에 이미 너무 오랫동안 앉아 있었다. 쥐가 날 정도로."로 시작해 "침묵하면 불편해지고, 말을 하면 우스워져, 에드가가 말했다."로 끝난다. 마지막 문장 앞엔 "앉아 있느라 다리에 쥐가 났다."를 배치해 맨 앞 두 문장의 순서만 바꿨다.

소설은 1인칭으로 전개된다. 독재자 차우셰스쿠가 지배한 루마니아를 탈출하는 데 성공한 '나'와 에드가는 떠나온 고향의 사진들을 보며 회상에 잠긴다. 대학 시절, 룸메이트인 롤라가 기숙사 방에서 내 원피스 허리띠로 목을 맨다. 어떤 식으로 체육 강사에게 성폭행당했는지를 기록한 롤라의 공책을 내 트렁크 안에서 발견한다. 죽은 지 이틀 만에 롤라는 당에서 제명당하고, 학교에서는 국가적 수치라고 비난하며 제적한다.

얼마 후 잠가둔 내 트렁크에서 롤라의 공책이 사라진다. 롤라가 죽은 후 이 년 동안 나는 허리띠를 매지 않았다. 롤라의 죽음이 자살이라는 사실을 의심하는 에드가 · 게오르크 · 쿠르트가 내게 찾아와 그들과 친해진다. 정권에 비판적인 네 명은 비밀경찰의 감시대상이 된다. 모두 비밀경찰에 심문을 받고 나 역시 발가벗겨진 채 고문에 가까운 취조를 당한다.

대학 졸업 후 나는 공장에 취직해 기계 사용설명서를 번역하는 일을 하고, 에드가와 게오르크는 국가의 지시로 각자 다른 공업도시로 가서 교사가, 쿠르트는 도축장의 엔지니어가 된다. 그러나 사상성을 의심받아 쿠르트를 제외하고 나머지 세 명은 직장에서 해고된다. 나는 어머니가 매달 부쳐주는 돈으로 하숙비를 내며 간신히 살아간다.

게오르크는 역전의 어두운 모퉁이에서 폭행을 당한다. 턱이 깨졌고, 병원에 후송된 뒤에야 정신을 차릴 정도로 중상을 입었다. 게오르크는 익명의 폭행자를 찾는 전단을 붙이지만 경찰은 비웃을 뿐이다. 병원 퇴원허가서에는 "구토를 동반한 여름철 독감"이라고 적혀 있다. 게오르크는 서독으로 출국을 시도하고 프랑크푸르트에 도착하고 6주 후 어느 건물 6층에서 떨어져 즉사한다.

에드가와 나도 출국신청서를 낸다. 나는 어머니·할머니와 함께 신청하고 허가를 받았지만 88살 할머니는 허가가 떨어지기 전에 죽는다. 서독으로 건너가 나는 베를린으로, 엄마는 아우크스부르크, 에드가는 쾰른으로 간다. 정치적 이유로 망명했다는 증거를 낼 수 없는 나와 에드가는 서독 정부로부터 실업수당을 받지 못한다. 루마니아에 남은 쿠르트는 자신의 집에서 목을 맨다.

작가의 개인사가 녹아 들어간 자전적 소설로 독재자 니콜라에 차우셰스쿠의 통치기에 세상을 떠난 작가의 두 친구를 기린 작품이다. 독재 시절 루마니아를 돌아보는 뮐러의 청춘일기와도 같은 작품이다. 그 일기는 절망으로 가득 차 있다. 뮐러는 차우셰스쿠의 24년 철권통치가 막 내리기 2년 전인 1987년 독일로 망명했다.

뮐러는 독일어를 모국어처럼 쓰는 루마니아 사람이다. 프란츠 카프카가 독일어를 쓰는 체코인이었던 것과 비슷하다. 거대한 세력들이 각축한 중부 유럽에서 민족적 정체성과 국적의 불일치는 흔했다. 역사적으로 보면 루마니아는 국호에서 드러나듯 로마에서 떠나온 로마 둔전병의 후예라는 상징성을 지닌다. 적잖은 세월이 흐른데다 그곳이 민족 교류가 활발한 곳이어서 '로마의 후예'라는 말이 실질적 의미를 지니지는 않겠지만 따지고 들면 루마니아인은 원천적으로 고향을 떠난 사람인 셈이다.

뮐러의 가계는 조금 더 복잡해진다. 루마니아라는 근대국가에서 뮐러 가문은 독일어를 쓰는 루마니아의 소수민족에 속한다. 그렇다고 뮐러를 독일인으로 볼 수는 없다. 이 소설이 드러내듯 그는 루마니아인의 정체성을 갖는다. 물론 히틀러 시기 뮐러의 아버지가 나치에 부역한 데는 아무래도 소위 민족이라는 게 영향을 미치긴 했겠

- '마음짐승'은 무엇을 뜻하는가?
- 독재하에서 인간의 존엄성을 지킬 방법은 없을까?

지만 그때는 민족과 국가의 개념이 혼란에 빠진 격동의 시기였다. 아버지가 독일어권에 속하는 아리안족의 이등 국민으로서 나치 행세한 것은 어머니가 (루마니아인이 아닌) 독일인이라는 이유로 옛 소련의 강제노역에 끌려가 희생한 것과 충분히 상쇄된다. 뮐러의 가계와 자신의 삶에 현대사의 비극이 이렇게 고스란히 들어있다. 전체주의를 비판한 이 책을 읽을 땐 그러한 시대 배경을 참작해야 한다.

전체주의를 비판하는 방식에서 이 책은 1인칭 시점을 취했다. 소설 〈1984〉와 다르다. 〈마음짐승〉은 역사적인 사건에 휘말린 인물이 당대를 대표해서 역사와 사건을 관찰하고 기록한 결과물이다. 역사성이 있지만, 인칭이 보여주듯 개인성도 강하게 드러난다. 이 소설이 가진 강점이자 한계다. 전체주의의 폐해를 확고하게 지적한 〈1984〉가 오세아니라는 가상의 국가를 배경으로 보편적 역사성의 시야를 표명한 것과는 비판 방식에서 온도 차이 같은 게 느껴진다. 〈마음짐승〉은 20세기 특정 시기 루마니아의 특정 인물들이 겪은 이야기다.

페널티킥 앞에 선 골키퍼의 불안

페터 한트케(1942년~, 오스트리아 · 2019년 수상)

제2차 세계 대전 와중에 태어나 알코올 중독으로 폭력을 일삼는 독일인 아버지와 슬로베니아인 어머니 사이에서 성장했다. 어머니가 오스트리아 남부 케른텐 주에 거주하는 소수 민족인 슬로베니아계여서 전쟁 중 이곳에서 출생해 거의 이곳에서 자랐기에 국적이 오스트리아다. 어머니가 페터를 임신한 상태에서 결혼했기에 아버지는 친부가 아니었다. 그라츠 대학교 법학과 재학 중인 1965년 발표한 첫 소설 〈말벌들〉이 인기를 얻자 졸업을 얼마 남기지 않고 학업을 포기하고 전업 작가가 되었다. 독일어권의 신예 작가 그룹인 47그룹에 참여하여 기성 문단과 문학에 독설을 퍼부으며 비상한 관심을 끌었다.

1966년 발표한 희곡 〈관객모독〉은 첫 상연과 동시에 언어극(Sprechstück)이라는 새로운 장르를 개척했다며 엄청난 화제를 불러일으켰다. 별다른 서사 없이 배우들이 관객의 관습적인 관람 형식을 고발하고 험담과 모욕을 내뱉는 게 전부다.

유고슬라비아 전쟁에서 인종 청소를 저지른 독재자 슬로보단 밀로셰비치와 세르비아 정부를 옹호하고, 그의 장례식에서 조사를 읽고, 애도하는 글을 써서 노벨상 수상시 논란이 됐다. 이러한 한트케의 입장은 성을 물려준 아버지보다는 피가 이어진 어머니와 유대감에서 비롯된 것으로 풀이된다.

요제프 블로흐는 한때 외국으로 원정 경기를 다니는 유명한 골키퍼였지만, 지금은 공사장에서 이름 없는 인부로 일하고 있다. 건축 공사장에서 조립공으로 일하던 중 조금 늦게 출근한 자신을 흘끗 쳐다보는 현장감독의 눈빛을 해고 통지로 지레짐작하고 작업장을 떠난다.

주변 사람들의 시선에 예민하게 반응하고 경기를 보면서 관중에 휩쓸리지 않으려 하는 모습을 통해 그가 유명 선수였던 과거와 무명 노동자인 현재 사이에서 혼란을 느끼고 있음을 보여준다. 현장감독의 눈빛을 해고 통지로 받아들인 것도 타인의 시선에 예민한 그의 과잉 대응으로 이해할 수 있다. 공사장을 나온 그는 대낮의 화창한 거리에서 "눈에 보이는 모든 것이 자신을 불안하게" 만드는 것을 느끼며 극장, 카페, 호텔 등을 무의미하게 전전한다.

블로흐는 누구와도 정상적으로 대화하지 못한다. 공중전화가 보일 때마다 누군가에게 전화를 걸지만, 통화는 번번이 실패로 돌아간다. 전처는 통화 내내 그에게 아무것도 묻지 않는다. 사람들과 나누는 모든 대화는 농담으로 치부되거나 엉뚱하게 곡해된다. 친구들과의 통화도 사람들과의 대화도 실패한다.

그러던 중 얼굴을 익힌 극장의 매표원 아가씨를 쫓아가 함께 하룻밤을 보낸다. 다음 날 아침 블로흐는 여자와의 대화에서 불쾌함을 느끼다가 단순한 질문을 받고 그를 목 졸라 살해한다. 여자의 질문과 살인 사이에 얼핏 아무런 인과관계가 없어 보인다. "'오늘 일하러 가지 않으세요?'하고 그녀가 물었다. 갑자기 그는 그녀의 목을 졸랐다. 너무 세게 졸랐기 때문에 장난이라고는 생각할 수 없었다."

블로흐는 살인을 저지른 후에 아무런 감정의 동요를 보이지 않으며, 일상적인 행동을 이어간다. 소설의 가장 중요한 사건인 살인의 이유를 주인공이 모르고, 독자도 완전히는 파악하기 힘들다. 사람과 소통에 어려움을 느끼는 블로흐는 뮤직 박스의 음악이나 켜 놓고 보지 않는 TV 소리같이 무의미한 기계음에서 안정을 느낀다. 사람과 의미 없는 대화를 계속할수록 더 큰 고립감과 불안을 느끼고, 사람 대신 기계나 미디어에서 대안을 모색한다.

경찰의 수사망을 피해 국경 마을로 달아난 블로흐는 보고 듣는 모든 것이 자기를 향한 어떤 상징이나 신호일 것이라는 강박에 시달린다. 블로흐에게 죄의식이나 도덕적 고민이 엿보이지 않는다. 소외와 불안, 공허만을 느끼고 결말 또한 특별한 맺음 없이 흐릿하게 알 듯 말 듯 한 여운 속에 끝난다.

한트케는 오스트리아의 극작가이자 소설가, 시인으로, 기성 문학의 질서를 파괴하고 재창조하는 창작 활동을 인정받은 유럽 문학계의 저명한 작가다.

그가 주도한 47그룹은 독일어 문학계에서 새로운 바람을 일으켰으나, 68혁명 이후 구성원들의 정치적 견해가 대립하면서 쇠퇴하여 1977년 공식적으로 해체되었다. 그 또한 그룹 해체 전부터 독자적으로 활동했다. 〈관객모독〉과 〈카스퍼〉 등의 희곡에 이어 〈페널티킥 앞에 선 골키퍼의 불안〉 등의 소설을 발표하여 소설가로서 입지를 다졌다. 영화 제작에 참여하여 1978년엔 감독으로서 자신의 소설인 〈왼손잡이 여인〉을 영화화하였으며 1987년 빔 벤더스 감독의 대표작인 〈베를린 천사의 시〉의 시나리오를 집필하였다. 한트케 작품 대부분은 파격과 난해함으로 논쟁과 비평의 대상이 되었다. 한트케는 "카프카는 나의 글쓰기에 한 문장마다 척도가 되었다."라고 고백해 자신이 프란츠 카프카로부터 받은 영향을 인정했다.

보편적인 문학성에 반하는 실험적인 성향으로 언제나 신선한 충격을 던져 노벨문학상을 수상하기 전부터 매년 가장 유력한 노벨문학상 수상 후보로 거론됐다.

'줄거리 없는 소설'로 불리는 그의 소설 중에서 이 작품은 한트케가 자신 나름의 방식으로 그나마 전통적인 서사를 회복하는 시발점이 되었다. 불안과 강박에 시달리며 기이한 언행을 일삼는 소설 주인공 블로흐의 모습을 통해 소외와 단절을 그려냈다. 작가의 오랜 친구인 벤더스가 이 작품을 영화화했다.

소설 제목 '페널티킥 앞에 선 골키퍼'는 블로흐의 상황을 상징한다. 페널티킥 앞에서 상대의 행동을 예측해야 하는 골키퍼는 불확실성과 긴장에 휩싸일 수밖에 없다. 살인은 블로흐가 자신과 세상 사이의 단절을 극단적으로 표출한 사건으로, 인간관계 혹은 인간다움의 붕괴를 뜻한다.

이 소설은 사건의 전개보다는 등장인물의 심리와 존재를 탐구하는 데 초점을 맞추었고, 예측하기 힘든 전개와 등장인물의 행동, 허탈한 결말로 삶의 전체적 무력함을 드러낸다.

범죄소설이라고 하면, 으레 예상되는 속성이 안 보이는 게 이 작품의 특징이다. 살인을 저지르고 경찰을 피해 달아나는 인물을 다룬다는 점에서 범죄소설의 테두리 안에 있으면서도 일반적인 범죄소설과는 확실히 다른 양상을 보여 독자를 어리둥절하게 만든다.

피아노 치는 여자

엘프리데 옐리네크(1946년~, 오스트리아 · 2004년 수상)

오스트리아 슈타이어마르크주에서 태어나 비엔나에서 성장했다. 어려서부터 피아노, 바이올린, 플루트 등 음악 교육을 두루 받았다. 비엔나 대학에서 연극학, 미술사를 공부하였고 그러면서 1967년 첫 시집 〈리자의 그림자〉를 발표해 문단의 주목을 받으며 데뷔했다. 이후 독일을 근거지로 집필 활동을 해 〈노라가 남편을 떠난 뒤에 무슨 일이 일어났나〉 〈클라라 S.〉 등 페미니즘 계열의 희곡을 발표했다.

시, 소설, 희곡, 시나리오 등 장르를 넘나들며 작품을 발표해 '하인리히 뵐 상'(1986년), '페터 바이스 문학상'(1994년), '게오르크 뷔히너 문학상'(1998년) 등 독일어권의 큰 상을 연이어 받은 데 이어 여성 작가로는 열 번째로 노벨문학상을 수상했다. 1983년 발표한 소설 〈피아노 치는 여자〉는 작가의 출세작이자, 여성 작가로는 최초로 '하인리히 뵐 상'을 받는 데 기여한 작품이다.

옐리네크 작품들은 여성 억압, 권력 남용, 반유대주의 등 사회의 어두운 측면을 조명한다. 솔직하고 과감한 표현 때문에 종종 논란을 휩싸였고, 비슷한 맥락에서 페미니즘을 표방함에도 일부 페미니스트들로부터 비난을 받기도 했다.

피아니스트가 되는 데 실패하고 음악원 피아노 선생으로 남게 된 에리카는 30대 후반의 나이로 어머니와 단둘이 산다. 에리카는 부모가 결혼한 지 20년 후에야 비로소 세상에 태어났기에 어머니는 나이로는 할머니뻘이다. 아버지는 정신이상자가 되었고 세상에 위험한 존재가 될까봐 정신병원에 수용되었다.

어머니는 에리카를 '내 귀여운 회오리바람'이라고 부르며 딸의 생활 전체를 통제한다. 모녀는 부부나 다름없이 산다. 딸이 다른 사람과 접촉하는 걸 차단하기에 어머니와 딸 사이에 그 누구도 끼어들 수 없다. 딸이 오로지 '내 아이'로 혹은 심리 깊은 곳에서 '내 남편'으로 남아야 하기에 에리카에게 옷, 구두, 장신구 따위를 사는 것을 허락하지 않는다. 에리카가 예쁘게 꾸미고 다녀 남자들의 시선을 끄는 일이 있어서는 안 되기 때문이다.

어머니의 이러한 극단적 통제로 인해 에리카는 어려서부터 남들이 가진 물건을 부러워한다. 시샘은, 자신이 갖지 못한 타인의 물건들을 파괴하고 소유자들을 학대하는 사디즘 성향으로 발전한다. 에리카는 피아노 선생이라는 지위를 이용해 자기 학생들을 괴롭힌다. 교습이 끝나면 포르노 영화관 부근에 숨어 그곳을 배회하는 남학생들을 지켜보다가 자기에게 피아노 배우는 학생이 걸려들면 그 학생의 서투른 피아노 솜씨를 심하게 비난하며 그를 인격적으로 모욕한다.

어머니의 지나친 간섭과 지배는 에리카에게 사디즘뿐 아니라 자신을 학대하는 마조히즘적 성향도 길러준다. 자기 방에 혼자 있을 때면 에리카는 아버지가 쓰던 면도칼로 자기 몸을 베는 자해를 한다.

에리카에게 피아노를 배우는 클레머라는 대학생이 그녀에게 남성으로 접근한다. 그러나 둘 사이는 정상적인 연인관계로 발전하지 못한다. 에리카는 자신의 성적 취향에 선입견을 품어 클레머에게 비정상적인 관계를 요구한다. 동시에 상대가 자신의 비정상적인 요구를 넘어서 다정한 연인으로 다가와 주기를 바라는 이중적인 태도를 드러낸다.

관계에서 모욕을 당했다고 생각한 클레머는 어느 날 에리카를 찾아가 그녀가 요구한 대로 변태적인 방식을 동원해 성적인 학대를 가한다. 그 일로 마음에 깊은 상처를 입은 에리카는 다음 날 복수하려고 칼을 지니고 그를 찾아간다.

그러나 복수는 실현되지 않는다. 칼날이 상대 대신 자기의 어깨로 향한다. 금방 피가 솟아오른다. 세상은 그대로다. 에리카는 어디로 가야 할지 알고 있다. 이제 그녀는 집으로 향한다. 그녀의 걸음은 차츰 빨라지고 있다.

작가의 대표작인 〈피아노 치는 여자〉는 칸 영화제 최초로 2001년에 그랑프리와 남녀 주연상을 모두 받은 미카엘 하네케 감독의 '피아니스트'의 원작이다. 영화를 잘 만들었겠지만, 원작이 워낙 흥미롭기 때문에 좋은 영화가 가능했을 것이다. 모녀 및 남녀 관계의 폭력성을 기이한 설정과 예리한 언어로 표현했다. 이 설정의 기이함과 언어의 예리함이, 작가가 페미니즘을 표방함에도 많은 다른 페미니스트로부터 '반 페미니즘'적이란 비판을 받게 했다. 논란은 페미니즘에 국한하지 않는다. 실험정신과 문제의식을 부각하는 천재성으로 많은 칭찬을 받으면서 동시에 칭찬을 받은 그 지점에서 비판을 받았다.

자전적 성격이 강한 소설이다. 주인공 에리카처럼 옐리네크도 어린 시절 자신을 뛰어난 피아니스트로 만들겠다며 스파르타식으로 딸을 훈련한 어머니를 증오했고, 어머니에 대한 반발심에서 음악대학을 졸업하고 음악가의 길을 가지 않고 독문학과 연극을 공부했다고 한다. 소설과 마찬가지로 옐리네크의 아버지 역시 정신병원에서 일찍 세상을 떠났기 때문에 아버지가 없는 환경에서 성장했다. 그러나 소설은 자서전이 아니다. 옐리네크는 자신의 경험을 바탕으로 지배·종속적이고 비정상적인 어머니와 딸의 관계를 연민 같은 감정을 배제한 채 냉정하게 그려냈다. 문학이 보여주어야 하는 뚜렷한 형상과 담아내야 하는 확고한 주제를 놓치지 않았기에 탁월한 문학적 성취를 이루었다는 데에 이견이 없는 듯하다.

소설의 분석에는 정신분석학이 등장한다. 아버지와 관련해서는 오이디푸스, 팔루스(남근) 등이 거론되고 에리카의 성격과 사랑을 설명할 땐 사디즘과 마조히즘이 출현한다. 사디즘과 마조히즘은 동전의 앞뒷면인 양 함께 나타날 때가 많다. 소설의 에리카도 마찬가지다. 자기 방에 혼자 있을 때 아버지가 쓰던 면도칼로 자기 몸을 베는 행위는 작가가 확실히 정신분석학을 염두에 두고 쓴 표현으로 보인다.

정신분석학적 특성은 소설의 두 축인 모녀와 남녀 관계를 관통한다. 권력관계와 지배·종속을 벗어나 실존적으로 바로 서려는 에리카의 노력은 그다지 성공적이지 않다. 에리카는 자신의 여성성을 패배와 결손의 표시라고 비하하며 '무(Nichts)' 또는 '구멍(Loch)'이라는 부정적이고 열등한 단어를 동원한다. 어머니에게서 끝내 벗어날 수 없다는 비극적 결말은 역설적으로 작가의 창의성과 강한 문제의식을 보여주는 셈이다.

32

양철북

권터 그라스(1927~2015년, 독일 · 1999년 수상)

1920년 베르사유 조약에 따라 설립된 자유도시 단치히에서 독일계 식료품 상인인 아버지와 슬라브계 어머니 사이에서 태어났다. 단치히는 제2차세계대전 후 폴란드 영토인 그단스크가 되었고, 작가는 나중에 고향인 그단스크 명예시민이 되었다. 청소년기에 히틀러 청소년단에 가입했고 전쟁 말기에 공군보조병, 전차병 등으로 복무했다가 미군에 전쟁 포로로 수감됐다. 이 일로 나중에 나치 부역 논란에 휩싸였다. 가난 때문에 15세에 학업을 중단했고, 전후에는 광산에서 일하며 석공 기술을 배웠고 이후에는 뒤셀도르프 예술대학 등에서 수학하였다.

전후 청년 문학의 대표적 모임인 '47그룹'에 가입했다. 1958년 처녀작인 〈양철북〉 초고를 '47그룹'에서 낭독하여 그해 47그룹 문학상, 이듬해 폰타네상 등 다수의 문학상을 수상했다. 1960년에는 독일 사민당에 입당하여 빌리 브란트 선거 운동을 도왔다.

〈고양이와 쥐〉(1961년), 〈개들의 시절〉(1963년)을 발표하여 〈양철북〉을 포함한 '단치히 3부작'을 완성하였다. 1976년 하버드대 명예박사 학위를 받았고 〈넙치〉(1977년) 등 대작을 발표하였다. 국내외 정치 현안에 목소리를 많이 낸 독일의 대표적 참여작가다.

오스카가 폴란드 민족운동에 투신한 조부를 이야기하는 것으로 소설이 시작한다. 추격을 피해 감자밭으로 도주한 조부는 밭에서 일하던 소녀의 치마 속에 숨어 들어가고 이 일로 소녀는 오스카의 조모가 된다. 오스카의 어머니 아그네스는 폴란드인 사촌인 얀 브론스키를 사랑하지만 독일인 알프레드 마체라트와 결혼한다. 이 결혼에서 오스카가 단치히에서 태어난다.

오스카는 아주 어릴 적부터 성인의 지적 능력이 있었고, 추악한 어른 세계를 혐오하여 3살 때 더는 성장하지 않기로 한다. 일부러 높은 곳에서 떨어져서 성장을 멈춘다. 오스카는 "인생을 시작하기도 전에 삶에 대한 욕망을 잃어버렸던 것이다. 다만 나에게 약속된 저 양철북만이 당시 태아의 머리 위치로 되돌아가려는 나의 욕구가 강력하게 표출되는 것을 막아주었다. 여기서 마침표를 찍고, 이 상태에 머무르겠다고 결심한 것이다."

난쟁이로 살아가는 오스카는 선물 받은 양철북을 두드리기 시작한다. 소설의 제목으로 사용되기도 한 이 양철북은 오스카의 심리와 행동을 이해하는 데 중요한 요소다. 사회 흐름에 대한 순응을 거부하는 직접적인 상징으로 사용된다. 오스카가 성장이 멈춘 것과 직접적인 연관이 있는 건 아니지만 의미상 난쟁이 상태와 양철북은 연결된다.

신체가 아이 상태로 멈춘 채 성인의 지능으로 사유하며 오스카는 세상을 관찰한다. 때로 양철북을 두드리며 어른들과 그들이 만든 잘못 돌아가는 세상에 분노를 표출한다. 그에겐 약간의 초능력이 있어서, 양철북을 두드리며 소리를 지르면 그 충격파로 주변 유리가 모조리 깨진다. 엄숙한 나치 행사에서 북을 쳐서 사람들을 춤추게 만들어 결과적으로 행사를 망쳐버리기도 한다.

세월이 흘러 어머니 아그네스와 친아버지일지도 모르는 브론스키가 차례로 사망한다. 아버지가 고용한 가정부 마리아와 육체적 관계를 맺었다가 마리아가 아버지와 결혼하면서 혼란에 휩싸인다. 전쟁이 끝나는 와중에 나치당원이었던 아버지가 소련군에게 사살되고, 그의 장례식에서 양철북을 집어 던지고는 다시 성장하기로 작정한다.

오스카는 마리아와 동생 혹은 아들인 쿠르트와 함께 단치히를 떠나 서독으로 이주한다. 서독에서는 암시장에서 거래하는가 하면 석조공으로 일하는 등 새롭게 성인의 경험을 쌓는다. 간호사 도로테아를 만나 흠모하게 되지만 그녀가 누군가에게 살해되고 오스카는 살인 누명을 쓴다. 정신이상자로 판정돼 정신병원에 갇힌 오스카가 회고록을 집필하다가 정신병원에서 나가면 어떤 삶을 살 것인지를 고민한다.

주인공이자 화자인 30살 오스카가 정신병원에 갇혀 과거를 돌아보는 형식의 소설이다. 이 회고는 독일 현대사의 회고이자 반성이다. 현대소설 걸작의 하나로 꼽히는 〈양철북〉은 1959년 초판이 발행되기 전부터 화제를 뿌렸다. 시인으로 문단에 데뷔한 작가는 1954년에 당시 독일 전후 청년 문학을 대표하는 모임 '47그룹'에 가입하여 1958년에 아직 완성되지 않은 초고를 모임에서 읽는다. 이 낭독만으로 〈양철북〉은 이 해 '47그룹 문학상'을 수상했다. 이후 이 작품은 당시 불모지와 다름없던 전후 서독 문학에 대한 세계적인 시선을 끌게 된다.

정신병원을 무대로 한 현재와 오스카가 돌이켜보는 1899~1954년의 독일 역사가 교차하며 이야기가 풀린다. 1부는 오스카의 어머니 아그네스의 출생과 성장, 결혼, 오스카의 탄생을 그리며 단치히에서 '수정의 밤' 사건이 일어나는 시기까지를 다룬다. '수정의 밤'은 1938년 11월 9일 밤부터 10일 새벽 사이 나치당과 나치에 동조한 독일인이 독일 전역의 유대인 가게를 약탈하고 시나고그에 방화한 사건이다. 당시 깨진 유대인 상점의 진열대 유리창 파편들이 반짝거리며 거리를 가득 메웠던 것에서 '수정의 밤(Kristallnacht)'이란 이름이 붙었다. '깨진 유리의 밤', '11월 포그롬' 등으로도 불린다. 2부는 단치히를 떠나기까지, 3부는 전후 시대 뒤셀도르프를 배경으로 오스카의 개인적 운명을 중심으로 펼쳐진다.

스웨덴 한림원은 "그라스가 양철북을 통해 인간들이 떨쳐 버리고 싶었던 거짓말, 피해자와 패자 같은 잊힌 역사의 얼굴을 장난스러운 블랙 유머 가득한 동화로 잘 그려냈다."고 설명했다.

이 소설이 "양철북을 두들기는 빌헬름 마이스터"란 평가를 받았지만, 영웅의 발전과정을 기록하지 않았다. 주인공은 난쟁이이고 등장인물은 역사에서 고통받은 소시민들이다. 전통적인 리얼리즘 기법을 따르지만 성장이 아닌 성장중단을 결심했다는 측면에서 특별한 성장소설인 셈이다. 비범하고 강렬한 언어 구사, 상징과 암시가 넘치는 이미지, 반어와 역설 그리고 풍자로 가득 찬 표현이, 흥미로운 줄거리와 함께 작품을 가득 채운다.

발표 당시 교회와 신성에 대한 모독, 외설성 등으로 논란이 일긴 했지만 그로테스크를 앞세운 리얼리즘 서사로 문학사의 한 장을 장식한 작품으로 남았다.

Part 5

유럽

33

아침 그리고 저녁

욘 올라브 포세(1959년~, 노르웨이 · 2023년 수상)

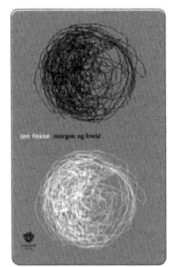

노르웨이에서 헨리크 입센 이후 최고의 극작가로 평가받는 가운데 모국인 노르웨이보다 해외에서 더 명성이 높은 작가다. 소설로 데뷔했지만, 희곡을 쓰기 시작한 이후 현대 연극의 최전선을 이끄는 동시대 최고 극작가의 반열에 올랐다.

노르웨이의 해안도시 헤우게순에서 태어났다. 1983년 장편소설 〈레드, 블랙〉으로 데뷔한 후 소설을 꾸준히 발표했다. 1990년대 초반 전업작가로 생계에 어려움을 느끼던 차에 희곡 집필 의뢰를 받는다. 포세는 어느 인터뷰에서 "이런 종류의 작품(희곡)을 시도한 것이 그때가 처음이었는데 내 작가 인생에서 가장 큰 놀라운 경험이 됐다."며 "이런 종류의 글쓰기가 나를 위한 것이라는 점을 깨달았고 느꼈다."라고 말했다.

1994년에 첫 희곡 〈그리고 우리는 결코 헤어지지 않으리라〉를 발표한 후 많은 희곡을 통해 극작가로서 세계적인 명성을 얻었다. 그의 희곡은 전 세계 무대에 900회 이상 올랐다. 〈인형의 집〉의 입센 다음으로 가장 많은 작품이 상연된 노르웨이 극작가다. 소설과 희곡 외에 에세이와 시에 이어 아동문학까지 다양한 장르에서 왕성하게 활동하고 있다.

산파가 부산하게 움직인다. 여자의 힘겨운 산통, 이제 곧 아버지가 될 남자의 기대와 걱정. 노르웨이 해안마을의 집에서 아이가 태어나려고 한다. 혹시 잘못되어 아내나 아이에게 나쁜 일이 생기면 어떻게 하나 하는 불안에 남자는 온갖 액운으로부터 지켜달라고 신을 향한 내적 독백을 한다. 기도나 마찬가지다. 단어가 되지 못한 아내의 비명이 길게 이어지고 마침내 아이가 태어난다. 이 아이는 할아버지를 따라 요한네스라는 이름을 갖게 된다.

다음 장에서 요한네스는 노인이다. 긴 시간이 흘러, 사랑하는 사람과 결혼해 가족을 이루었다. 태어난 곳을 떠나 새로운 곳에 터전을 잡았고 고깃배를 타고 나가 생계를 꾸렸다. 지금은 아내와 친구가 세상을 떠나 적막하고 고독한 삶을 산다. 근처에 사는 막내가 종종 돌봐주러 온다. 어느 때와 다름없는 그의 하루가 막 시작했다. 썰렁한 집안에서 혼자 일어나 커피를 마시고 담배를 피우고 빵을 먹는다. 모든 것이 평소와 다름없고 원래 그대로인 듯하지만, 한편으로는 어쩐지 전혀 다른 느낌이 든다. 늙고 힘든 몸의 무게가 거의 없는 듯 가뿐하다. 사물들, 풍경이 눈에 들어오지만 딴 세상에 있는 것 같다. 여느 때처럼 서쪽 만으로 산책하러 나가 절친인 페테르를 만난다. 같이 배를 탔고 오십 년 넘게 서로 머리를 잘라준 사이이지만 지금은 세상에 없어야 하는 친구다.

1장과 2장은 숫자로 표시가 돼 있지만, 마지막 장은 아무런 숫자가 없고 여백으로 장이 바뀌었음을 암시한다. 젊은 날 페테르와 함께 한 추억이 갑자기 현실로 되살아난다. 그러다가 집으로 돌아가니 죽은 줄 알았던 아내가 반겨준다. 여느 때처럼 위층 다락방에서 잠들었다가 어느 날 갑자기 내려오지 않았고 그것이 마지막이었던 아내가 집안의 불을 밝히고 그를 위해 커피를 끓인다. 길에서 마주친 막내딸은 그가 보이지 않는 듯 그냥 지나가 버린다. 모든 것이 평소와 비슷하지만 어느 때와도 확실히 다른 이날, 도대체 요한네스에게 무슨 일이 일어난 것일까?

이 책의 2장을 읽으면서 어느 대목에서 독자가 감지하느냐의 문제인데, 이날 아침에 일어난 요한네스는 죽은 상태였다. 영혼 비슷한 상태다. 소설의 끝은 이별이다.

> *"싱네(막내딸)는 요한네스의 관 위로 목사가 흙을 던지는 것을 보며 생각한다. (중략) 아버지는 자애롭고 선한 분이었어요, 싱네는 생각한다. 그리고 고개를 들자 하늘에 흰 구름이 떠간다. 그리고 오늘 바다는 저리도 잔잔하고 푸르게 빛나는데, 싱네는 생각한다. 요한네스, 아버지, 요한네스, 아버지."*

'입센의 재래' '21세기의 사뮈엘 베케트'로 불리는 욘 포세는 오늘날 세계에서 가장 활발하게 활동하는 극작가 중 한 명이다. 희곡 외에 소설, 시, 에세이, 그림책, 번역에 이르기까지 다양한 장르를 넘나들며 방대한 작품을 썼고, 세계 40여 개 이상의 언어로 번역됐다.

군더더기를 극도로 제한하는 구성, 리얼리즘과 부조리 사이에서 튀어나온 반복 화법, 마침표를 배제하고 리듬감을 강조하는 시적이고 음악적인 문체를 통해 평범한 일상과 인간관계를 소재로 삶과 죽음이라는 보편적 문제를 드러내고, 인간 존재를 근본에서 성찰한다.

노벨문학상 선정 이유가 "그의 혁신적인 희곡과 산문은 말할 수 없는 것에 목소리를 부여한다."였는데, 〈멜랑콜리아 1-2〉와 함께 〈아침 그리고 저녁〉이 "말할 수 없는 것에 목소리를 부여한" 대표적인 작품이다. 특히 〈아침 그리고 저녁〉은 '말할 수 없는 것'에 관한 상상력을 극대화했다.

이 소설에서 아이에게 아버지의 이름을 물려주고 시간이 흐른 뒤 그 아이가 아버지의 이름을 제 아이에게 물려주듯이, 삶과 죽음의 세계는 원처럼 서로 이어지고, 겹치고, 스며든다. '저편으로 넘어가는' 존재의 모습은 욘 포세 연구자가 포세의 작품 속 인물의 특징으로 설명한 '멜랑콜리커'와 연결된다. 멜랑콜리커는 "존재의 이유와 의미를 고민하며, 사후세계에 대한 답을 얻을 수 없다는 딜레마를 안고 있는 사람이다. (그들은) 과거를 부정하지 않고 불안을 받아들인다."

이 책은 나직하고 고요하며 특별히 많은 이야기를 하지 않는다. 별다른 사건이 일어나지도, 전통적으로 소설의 주인공이라 할 만한 그런 인물이 등장하지도 않는다. 무대 위의 독백 같은 주인공 내면의 목소리가 이어지는 가운데 대화는 단절적이고 과묵하다. 침묵이 여백을 만들고 별것 아닌 듯한 단어가 반복되며 신비한 리듬이 만들어진다. 삶은 죽음이고 죽음이 삶이라는 말하자면 동양의 불교나 도교의 가르침 같은 것을 자연스럽게 들려준다. 평범하게 심오하다.

작가는 이른 저녁 4~5시부터 이튿날 아침 9시까지 글쓰기에 몰두한다고 한다. 우연한 기회에 1990년대부터 30여 편의 희곡을 쓴 뒤 이제 "그 정도면 충분하다."는 생각으로 다시 소설을 쓰고 있다고 한다.

태고의 시간들

올가 토카르추크(1962년~, 폴란드 · 2018년 수상)

교사 부부의 딸로 태어났다. 아버지 유제프는 학교 도서관을 운영했다. 바르샤바 대학교에서 심리학을 전공했고, 카를 융의 사상과 불교 철학에 조예가 깊다. 대학을 졸업한 후에는 실레시아 지역에서 10년 동안 심리치료사 등으로 일했다. 그러던 중 1996년에 문학 활동에 집중하기 위해 일을 그만두었다.

신화와 전설, 외전, 비망록 등 다양한 장르를 사용하여 인간의 고독, 소통의 부재, 불멸을 향한 욕망 등을 날카로우면서도 섬세한 시각으로 작품에 담아냈다. 경계와 단절을 허무는 글쓰기, 타자에 대한 공감과 연민은 작가의 중요한 특징이다. 등단 초부터 대중과 평단으로부터 고른 관심과 호응을 받았다. 첫 장편 〈책의 인물들의 여정〉(1993년)은 폴란드 출판인 협회가 선정한 '올해의 책'으로 뽑혔다. 1997년에 40대 이전 작가에게 수여하는 권위 있는 문학상인 코시치엘스키 문학상을 수상했다. 여행을 모티브로 한 100여 편의 에피소드를 엮은 〈방랑자들〉(2007년)을 발표해 2008년 폴란드 최고 권위의 문학상인 니케 상을 받았다. 이 작품은 2018년 맨부커 인터내셔널 상을 수상해 전 세계 문학계에 그의 존재를 알렸다.

이야기의 무대로 설정된 '태고'는 폴란드 중부 키엘체 인근에 있는 가상의 마을로 작품의 첫 문장을 통해 설명하고 있듯이 '우주의 중심에 놓인 마을'이다. 마을 이름인 '태고'는 폴란드어로 '프라비에크(prawiek)', 즉 아주 오래된, 원시의 시간을 뜻한다. 거창한 이름의 '태고'라는 마을은 막상 평범한 시골 마을로 그려진다. 동시에 흑강과 백강으로 둘러싸였고, 천사들이 동서남북의 경계를 지키는 특별한 공간이다.

'태고의 시간'이란 제목을 단 도입부는 성서의 창세기를 연상시키는 서술 형식을 취한다. '태고'는 모든 것이 변치 않고 제자리에 놓여 있는 영속적이고 조화로운 공간, 즉 에덴동산을 닮았다. 반면 숲과 같은 경계 너머의 세계는 혼돈과 불안으로 가득 찬 공간임을 암시한다. 백강과 흑강은 각각 선과 악을 상징할까.

총 84편의 조각 글로 구성된 소설의 중심은 니에비에스키 가족(미하우와 게노베파, 미시아와 이지도르, 아델카)이다. 이 가족이 이웃과 외부인, 동식물, 신과 천사, 사물, 죽은 자 등과 어우러져 '태고'의 이야기를 끌어간다. 여성이 주역이다. 작가는 탄생부터 성장, 결혼, 출산, 노화, 죽음에 이르는 이곳 여성들의 인생을 보여주며 독자로 하여금 그들의 목소리에 귀를 기울이게 한다.

남편이 전쟁터에 끌려간 뒤 유대인 청년에게 사랑을 느낀 게노베파, 얼핏 평범해 보이지만 어둠과 슬픔이 깃든 삶을 살아낸 미시아, 술 취한 남자들에게 몸을 팔다가 숲속에서 홀로 아이를 낳고 치유와 예언의 능력을 갖게 된 크워스카, 힘겨운 삶 끝에 미쳐버린 노파 플로렌틴카, 독일군과 러시아군 모두에게 강간당하고 사랑 없는 삶을 살아가다 '태고'를 떠나는 크워스카의 딸 루타, 독단적인 아버지의 집을 떠나 독립적이고 주체적인 인생을 꾸려가는 미시아의 딸 아델카 등 역사의 비극 뒤편에서 잊힌 여성들의 삶을 복원한다.

소설의 마지막은, 귀향하여 아버지와 재회한 아델카가 다시 '태고'를 떠나는 장면으로 구성된다. "얘야 넌 너무 늦게 돌아왔어. 이미 모든 게 끝났단다. 죽을 시간이 되었거든." 아버지의 농담이 농담 같지 않은 게 그사이 아델카의 딸이 19살이나 됐다. 아버지와 재회는 짧게 끝난다. 아델카는 집에서 어머니의 커피 그라인더를 챙겨 나온다.

다시 고향을 떠나는 버스 안에서 아델카는 커피 그라인더를 천천히 돌려본다. 게노베파의 시간은 미시아의 시간으로 이어지고, 그것은 다시 아델카의 시간으로 계승되며 또 다시 아델카의 딸에게 이어질 것임을 상징하는 장치다.

원형적인 인물들의 시간을 보여준다.

토카르추크는 "문학에는 불멸의 변치 않는 뿌리, 원형이 있다고 믿는다. 나는 그 원형으로부터 자극을 받고, 영감을 얻는다. 그리고 그 원형을 바탕으로 뭔가를 창조하고, 이야기를 풀어내고, 서술하려고 애쓴다."라고 말했다. 그는 신화와 전설 등을 빌려와 인물의 꿈, 내면, 무의식 등을 흥미롭게 형상화함으로써 인간의 심리를 묘사하는 데 탁월한 재능을 보였다. 인간 존재의 숙명과 실존적 고독, 신과 인간의 관계 외에 동식물 등 모든 것에서 신성이 개입한 흔적을 찾아서 보여준다. 신화는 인간의 행동과 심리의 원형이며, 인간의 운명에 관한 보편적인 모델이라는 생각에서다.

이러한 신화적 상상력과 함께 마르케스 같은 작가에서 나타난 이른바 마술적 리얼리즘의 경향 또한 뚜렷하다. 작가는 공간에 신화의 요소를 덧입혀놓고, 여기에 실제 역사의 사건들을 가져다가 배치해 역사와 환상이 공존하는 특이한 세계를 작품 속에서 만들어낸다.

소설의 중심인 미하우 가족의 성 '니에비에스키'는 폴란드어로 '하늘의' 또는 '천국의'를 뜻하는 형용사이며, 파베우 가족의 성인 '보스키' 또한 '신(神)의'/'신과 같은'이

란 의미를 갖는다. '태고' 주민들의 성 헤루빈이나 세라핀은 천사의 이름이다. 욥의
수난, 바벨탑 신화, 카인과 아벨 등 익숙한 성서의 이야기들이 변용되고 재해석돼 등
장한다.

작가는 "예술은 신화적 언어의 수호자"라고 믿는다. 그녀는 "내게 신화는 기억이다.
신화는 우리가 종으로서의 연속성을 보존하고, 세상을 정돈하는 역할을 한다. 칼 융
의 견해처럼 나도 신화가 종의 기억을 구성하는 조각이라고 생각한다. 신화는 학습
할 필요가 없으며 내재하여 있는 것이라는 그의 사상을 나는 믿는다."고 말했다.

〈죽은 이들의 뼈 위로 쟁기를 끌어라〉는 범죄 스릴러로, 2017년 베를린 영화제 은곰
상 수상작 '흔적'의 원작이다. 범인이 누군지, 동기가 무엇인지 대단원에서야 밝혀지
는 스릴러 형식을 따르는데, 인간에 대한 동물의 복수를 다룬다는 점에서 이채롭지
만, 바탕은 신화적 상상력과 원형에 관한 관심에서 벗어나지 않는다.

35

원수들, 사랑 이야기

아이작 바셰비스 싱어(1902~1991년, 미국 · 1978년 수상)

미국의 유대계 소설가. 본명은 이츠호크 바셰비스 징게르(יצחק בשעװיס זינגער)이나 보통 영어식으로 발음한다. 이디시어가 모국어로 이디시어로 노벨문학상을 받은 최초의 작가다. 이디시어 사용 인구가 줄고 있어 노벨문학상을 받은 유일한 이디시어 작가로 기록될 가능성이 크다. 폴란드 바르샤바 인근의 작은 마을에서 태어났다. 아버지는 유대교 랍비였고 어머니 역시 랍비의 딸이어서, 어려서부터 유대교와 유대계 전통에 영향을 받았다. 유대교 신학교에서 교육을 받으며 현대 히브리어를 배우고 유대교 신비주의에 빠져들었으나 곧 문학에 열정을 쏟게 된다.

1925년 글을 쓰기 시작하여 단편소설을 몇 편 발표하다가 1932년 첫 번째 장편소설 〈고레이의 악마〉를 출간했다. 초기에 잠깐 히브리어를 사용한 것을 빼고는, 평생 거의 이디시어로만 작품 활동을 했다. 유럽의 반유대주의를 피해 형과 함께 미국으로 도피하여 1943년 미국 시민권을 획득했다. 1950년대에 솔 벨로 등이 그의 책을 영어로 번역하면서 미국 독자들로부터 인기를 끌기 시작한다. 주로 폴란드와 미국 내 유대인의 생활을 작품에 담았다. 노년에는 인간이 동물에게 저지르는 행위가 나치의 유대인 학대와 다를 것 없다고 생각하여 죽기 전까지 35년을 채식했다.

"헤르만 브로데르는 돌아누우면서 한쪽 눈을 떠보았다. 머리가 몽롱해서 여기가 미국인지, (…) 아니면 독일의 수용소인지 알쏭달쏭했다. 이따금씩 이렇게 여러 장소가 한꺼번에 떠올라 뒤죽박죽이 되어 버린다. 지금 이곳이 브루클린이라는 것은 알고 있었지만 엉뚱하게도 귓가에는 나치들의 고함이 들려오는 것이었다. 그들은 그를 끌어내기 위해 총검으로 건초 더미를 푹푹 찔러 대는 중이었다. 그는 건초 속으로 점점 더 깊이 파고들었다. 총검의 칼날이 그의 머리를 툭 건드렸다."

소설의 시작과 함께 이런 꿈을 꾸다가 깬 헤르만은 나치의 박해를 피해 폴란드에서 미국으로 건너온 유대인이다. 꿈과 비슷한 내용으로 위험한 처한 그를 헛간에 숨겨준 사람은 순박한 시골 여인 야드비가다. 헤르만은 사랑이라기보다는 감사하는 마음과 의무감에서 그녀와 결혼한다. 야드비가는 폴란드인 가톨릭 여성으로, 유대인이 아니어서 나치의 박해를 받지 않았다. 뉴욕에서 헤르만과 함께 새로운 생활에 적응하려고 노력하지만 쉽지 않다. 남편을 사랑하기에 아이를 원하고, 유대교로 개종하려고까지 한다.

정작 헤르만이 사랑하는 여자는 마샤다. 그녀는 헤르만과 마찬가지로 홀로코스트 생존자로, 강제 수용소에서 끔찍한 경험을 겪었다. 공통의 트라우마는 두 사람을 격렬한 사랑으로 연결했다. 그녀는 어머니와 함께 살고 있으며, 염세적인 태도를 보이며, 헤르만과 어디론가 떠나 새로운 생활을 시작할 것을 기대한다.

이렇듯 두 여인 사이에서 아슬아슬한 삶을 이어가던 와중에 나치 학살을 피하지 못한 것으로 알았던 아내 타마라가 등장한다. 타마라는 헤르만이 폴란드에서 결혼한 지적인 여성으로 운명이 그들을 갈라놓았다가 다시 만나게 함으로써 헤르만은 갑자기 중혼 상태에 처한다. 결혼을 요구하는 마샤까지 포함하면 아내가 세 명이다.

헤르만은 우유부단한 성격으로 세 명의 아내 사이에서 어찌할 바를 모르고 이리저리 끌려다니고 또 때로 도망친다. 결말은 헤르만의 실종이다. 그는 어느 날 아무런 말 없이 사라진다. 마샤도 자신의 어머니가 죽은 뒤에 사망한다. 자살로 보이지만 분명하지는 않다. 야드비가는 떠난 헤르만이 남긴 아이를 낳고 아이에게 마샤라는 이름을 붙인다. 타마라는 야드비가 출산 이후 모녀를 돌보기 위해 생활을 합친다. "타마라는 헤르만을 찾으려고 이디시어 신문에 몇 번이나 심인 광고를 실었지만 아무런 성과도 얻지 못했다. 그녀는 헤르만이 자살했거나 아니면 미국 땅 어딘가에 숨어 폴란드에서의 건초 다락 생활을 재현하고 있을 거라고 믿었다."

싱어의 대표작인 〈원수들, 사랑 이야기〉는 그가 고향 폴란드를 떠난 지 거의 40년이 지나고 고희를 앞둔 1972년에 출간한 작품이다. 제2차 세계대전 직후인 1940년대 말엽의 뉴욕을 배경으로 어느 폴란드계 유대인 지식인의 기구한 삶을 그렸다.

홀로코스트에서 살아남아 뉴욕에 정착한 주인공 헤르만과 그의 세 아내의 이야기를 통해 치유되지 못한 전쟁과 홀로코스트의 상흔, 불안한 현대인의 삶과 사랑을 희극적이면서도 비극적인 필치로 묘사했다. 그는 드문 이디시어 작가다. 이디시어는 중부·동부 유럽에 거주하는 유대인을 뜻하는 아슈케나지 유대인이 사용한 언어다. 이디시어는 9세기경 중앙 유럽에서 발생하였으며 고지 독일어를 바탕으로 히브리어, 아람어, 슬라브어 등의 요소가 들어있다. 유럽 유대인의 언어적 표지인 셈이다.

이 책은 이디시어를 쓰는 사람들이 미국에 건너와 겪는 정신적 풍요와 물질적 빈곤, 홀로코스트의 참상과 신앙의 상실, 그리고 사랑의 욕망과 가족의 모습을 섬세하게 묘사했다. 주제상 내용이 무겁지만 유머와 위트, 역설이 가득하며 시종일관 재미와 긴장을 놓치지 않는 이야기꾼으로서 작가의 재능이 두드러진 작품이다.

상황은 여인들이 주도하지만 주인공은 남자인 헤르만이다. 야드비가를 사랑하지 않으면서도 폴란드에서 살려준 은혜를 갚기 위해 그녀와 결혼했고, 마샤를 사랑하지만 야드비가를 떠나 마샤와 새 삶을 모색하지도 못한다. 경제적으로도 무능하다. 주체적으로 상황을 돌파할 능력이 전혀 없다. 그런데도 소설 속의 세 여자는 왜 그를 사랑하는 것일까.

헤르만을 부도덕한 인물로 바라보거나, 줄거리만으로 아침드라마와 다른 바가 없다고 서둘러 판단을 내리는 건 금물이다. 물론 헤르만은 도덕적 혼란을 겪으나, 판단을 유보함으로써 역설적으로 도덕적 판단을 내린다고 볼 수 있다. 보통의 사랑 문법이 작동하지 않는 홀로코스트 생존자이지만, 그는 어쨌든 사랑하고 가능한 책임을 다한다. 그러나 끝내 보통 사랑처럼 사랑하지 못하고 욕망을 추구하지 못한다. 말하자면 불모성이 그의 영혼을 잠식해 버린 것이다. 마지막에 헤르만이 실종되는 것을 단순한 도피로 받아들일 수는 없다. 전쟁과 학살의 생존자로서 자아의 붕괴와 심리적 정체성을 잃어버린 사람이 인간의 존엄성을 찾는 비극적이지만 현실적인 결말이다. 풍자와 아이러니, 통찰을 함께 엿볼 수 있는 작품이다.

닥터 지바고

보리스 파스테르나크(1890~1960년, 러시아 · 1958년 수상)

모스크바의 교양있는 유대인 가정 출신으로, 아버지는 톨스토이 소설에 삽화를 그린 유명한 화가이자 미술 교수, 어머니는 피아니스트였다. 소설가 레프 톨스토이, 시인 라이너 마리아 릴케, 작곡가 라흐마니노프 등과 교류한 부모 덕분에 어려서 예술에 눈을 떴다. 모스크바 대학 법학부에 입학했다가 곧 역사-어문학부 철학과로 전과했다. 독일 마르부르크 대학으로 유학을 다녀왔다. 1914년 첫 시집 〈구름 속의 쌍둥이〉를 자비로 출판했다. 이후 시를 발표하며 시인으로 자리를 잡았다.

1956년 유일한 장편소설인 〈닥터 지바고〉를 10년 만에 완성하지만, 정부를 비방하는 내용이 담겼다는 이유로 출간이 금지된다. 러시아에서 출판되지 못한 원고는 몰래 반출되어 이탈리아 밀라노에서 1957년 첫 러시아어판이 나왔고 이어 여러 나라에 번역되었다. 이듬해 한림원이 그를 노벨문학상 수상자로 발표했다. 이탈리아에서 출간된 〈닥터 지바고〉 중 작가의 서명이 들어간 초판본은 아파트 한 채 값의 고가에 거래된다. 옛 소련 정부의 압력과 작가 동맹의 비판에 작가는 수상을 거부했고 사망하기까지 큰 고초를 겪는다. 이 소설은 소련에서 암암리에 읽히다가 1988년에야 공식적으로 출판됐다.

참고: 러시아 혁명에 대한 비판적인 내용 때문에 러시아(소련)에서는 출간이 금지되었지만 서방으로 원고를 밀반출한 후 1957년 이탈리아에서 이탈리아어 번역본으로 먼저 출간했다.

1903년 8살의 소년 유리 지바고가 어머니의 장례식을 치른다. 저명한 사업가였던 아버지가 이미 부재한 가운데 병약한 어머니마저 죽으면서 고아가 된 지바고는 그로메코가(家)에 보내져 성장한다. 시간이 흘러 1912년 어느 겨울밤, 그는 크렘린 궁성 앞에서 노동자들과 학생들이 기마병에게 살해되는 것을 보고 큰 충격을 받는다. 1905년 일어난 '피의 일요일' 사건을 주인공 나이에 맞춰 작품에 활용한 것으로 보인다. 가난한 사람들을 돕고자 그는 의학을 전공한다. 지바고는 주변 사람들의 축복 속에 그로메코가의 고명딸 토냐와 장래를 약속한다.

그러던 중 운명의 여인 라라와 조우한다. 어머니의 정부 코마로프스키에게 농락당하자 사교계의 크리스마스 무도회장에서 총을 쏴서 코마로프스키에게 상처를 입힌다. 지바고는 라라에게 강한 호기심을 느낀다. 이때 라라에겐 사회주의 혁명에 헌신한 파샤라는 연인이 있었다. 1차세계대전이 일어나고 군의관으로 참전한 그는 임지에서 간호사로 와있던 라라를 다시 만난다. 두 사람은 전쟁터에서 서로에게 사랑을 느끼지만 전쟁이 끝나며 지바고는 모스크바로, 라라는 고향 유리아틴으로 각자의 길을 간다.

1차 세계대전 종전 무렵 러시아에서 볼셰비키 혁명이 일어나고 동시에 내전이 발발하며 러시아의 상황은 혼란으로 치닫는다. 지바고와 그의 가족은 모스크바를 떠나 토냐 집안의 영지가 있는 우랄 산맥의 유리아틴이란 가상의 지역으로 간다. 무료함을 달래려 시내의 도서관을 찾은 지바고는 그곳에서 라라와 마주친다. 이번엔 두 사람이 운명적 사랑에 무릎을 꿇는다. 토냐와 라라 사이에서 갈등을 겪던 어느날 지바고는 귀가하던 중 빨치산에 의사 요원으로 납치된다.

빨치산과 함께 활동하다 감시가 소홀한 틈을 타 지바고는 탈출하고 천신만고 끝에 유리아틴으로 돌아온다. 그사이 그곳은 적군의 점령하에 놓였고, 지바고의 실종으로 생사를 알 수 없었던 토냐와 그의 가족은 유리아틴에서 벗어나 러시아를 탈출한 상태였다. 유리아틴에 남아있던 라라와 지바고는 감격적으로 재회한다. 라라의 집을 벗어나 토냐 가족의 영지에서 지낸 잠깐의 시간이 두 사람에겐 가장 아름다운 나날로 기억된다.

그곳으로 코마로프스키가 찾아오고, 지바고는 라라의 안전을 위해 그와 함께 그녀를 떠나보낸다. 두 사람은 다시 만나지 못한다. 세월이 흘러 전차를 타고 가던 지바고가 인도로 걸어가던 라라를 닮은 여자를 보고 그녀를 찾아 전차에서 내려 황급히 쫓아가다가 지바고는 심장마비로 사망한다.

1903년 혁명 전야부터 1914년 1차 세계대전 발발, 1917년 러시아 사회주의혁명과 이어진 내전, 세계 최초의 사회주의 정권 수립까지 대격변기를 산 가상의 인물 유리 지바고의 생애를 조명한 소설이다. 혁명과 내전의 폭풍이 휘몰아친 시기를 아름답고 웅장하게 그린 소설의 주인공엔 시인이자 소설가인 작가의 삶이 많이 투영됐다. 그리스 서사시에 비견되는 현대의 대서사시라고 해 손색이 없다.

시대상을 반영하듯 등장인물이 생생하고 역동적이다. 자유주의 지식인을 대변하는 지바고, 러시아의 전통적인 미덕과 가정을 상징하는 토냐, 강인한 생명력과 사랑의 화신인 라라, 혁명을 대표하는 인물인 파샤(스트렐니코프), 세속주의와 사악함으로 무장한 코마로프스키 등이 숨가쁘게 격동의 역사를 돌파한다.

〈닥터 지바고〉는 소설 자체로 흥미롭지만, 노벨문학상을 받게 된 계기 또한 특별한 이야깃거리로 남았다. 1958년 1월 [미국 중앙정보국(CIA)]은 영국 정보당국으로부터 2통의 필름을 받는다. 내용은 소련에서 출판이 금지된 〈닥터 지바고〉 원고였다. 국내 출판금지에 실망한 파스테르나크가 이탈리아 출판사에 원본을 넘겼는데, 영국 정보기관이 원본 필름을 입수하여 다시 [CIA]에 전달한 것이다. "이 책은 인본사상을 담고 있어 소련에 배포하면 큰 효과를 있을 것"이라는 메모를 덧붙였다.

- 파스테르나크는 최초로 노벨문학상 수상을 거부했다. 그 이유가 무엇이었을까?
- 격동의 역사 속에 펼쳐진 지바고와 라라의 사랑의 여정과 아름다움, 안타까움을 생각해 보자.

[CIA]는 "이 소설은 개인의 자유를 억압하는 사회주의혁명을 문학적으로 비판하고, 진정한 혁명이 무엇인지 끊임없이 생각하게 하는 훌륭한 소설이다. 그런데 이런 훌륭한 작품을 왜 작가의 나라에서, 고국의 언어로, 그 나라 국민이 읽을 수 없게 했는지 (책을 읽으면) 강한 의문이 들 것"이라고 생각했다. 동서냉전 중인 미국에, 이렇게 소련의 약점을 강하게 파고들 이 소설은 실제 무기보다 더 무서운 무기가 될 것으로 판단했다.

[CIA]는 네덜란드 출판사를 통해 러시아어판 1000부를 급히 인쇄했다. 그해 브뤼셀에서 열린 세계박람회를 보러 온 소련 관광객들에게 배포하기 위해서였다. 미국의 개입을 숨기려고 교황청 부스를 이용했다. 소련인들은 책 표지를 떼고는 은밀하게 가져갔다. 반응을 확인한 [CIA]는 더 많이 찍어 유통하는 한편 여러 나라 언어로 번역되게 했다. 이런 경로를 거쳐 파스테르나크가 노벨상 수상자로 선정된다. 그렇다고 작가가 노벨문학상을 받기에 부족하다는 뜻은 아니다. [CIA] 개입에 따른 노벨문학상 수상에도 불구하고 〈닥터 지바고〉가 불후의 명작이라는 데에 이론은 없다.

눈먼자들의 도시

주제 사라마구(1922~2010년, 포르투갈 · 1998년 수상)

포르투갈 중부의 작은 마을 가난한 농부의 가정에서 태어났다. '사라마구'는 야생 무로 알려진 초본 식물의 이름으로, 그의 가문의 별칭이었는데, 출생 신고 중 성명란에 우연히 잘못 기재돼 이름이 됐다. 3살 때 아버지가 경찰관으로 일하게 되어 수도 리스본으로 이주했다.

고등학교 졸업 후 용접공으로 일하다가 1947년에 첫 소설 〈죄악의 땅〉을 발표하며 문필 쪽으로 직업을 옮겨 공무원, 번역가, 평론가, 신문 기자, 잡지사와 출판사의 편집위원 등으로 활동했다. 독재자 살라자르 시절 문학 창작보다는 공산주의를 옹호하는 정치 칼럼니스트로 활동하며 거침없는 목소리를 냈다.

문학 창작에 전념하기 시작한 것은 1966년, 〈가능한 시〉라는 시집을 발표하면서부터. 이후 시, 소설, 희곡, 콩트 등 다양한 장르를 넘나들며 작품을 내어놓았고, 〈수도원의 비망록〉(1982년), 〈돌뗏목〉(1986년) 등이 크게 인기를 얻었고, 많은 나라에 번역되었다.

1992년 발표한 〈예수복음〉을 둘러싸고 정부를 포함한 보수세력과 갈등을 빚은 끝에 스페인령 카나리아 제도로 이주했다. 포르투갈어 작가 중에서 처음으로 노벨문학상을 받았다.

회사원 한 명이 도로에서 운전하던 중 갑작스럽게 모든 것이 하얗게 보이게 된다는 사건으로 이야기가 시작된다. 회사원이 안과를 방문하는 동안 회사원 근처의 사람들이 차례로 실명하며 실명은 무서운 속도로 퍼진다. 실명을 전염병으로 간주한 정부는 실명한 사람과 접촉한 사람을 격리하는데, 시력을 잃지 않은 의사 아내가 자신도 눈이 멀었다고 거짓말하여 의사 남편을 따라 격리시설에 들어간다.

의사 아내는 감염자 사이에서 줄곧 눈이 멀지 않았지만, 장님 행세를 하며 눈이 먼 다른 사람들을 돌보고 이끈다. 질병이 급격하게 확산하자 격리시설은 수용 능력을 넘어서 포화상태에 이른다. 시설을 감시하는 군인에게 수감자가 사살되는 등 시간이 지나며 사상자가 늘어간다. 이어 식량 배급이 끊기고 설상가상으로 깡패집단까지 등장하며 수감자들은 식량 대부분을 그들에게 빼앗긴다. 목욕, 용변, 청소 등 관리나 유지를 엄두도 못 내는 상황에 위생 상태는 최악으로 치달았다. 깡패집단의 우두머리는 태어날 때부터 눈이 안 보이는 시각장애인이어서 눈이 안 보이는 상황에 익숙하고 유일하게 권총까지 지녀 패거리를 통제하며 시설 내 사람과 자원을 지배한다.

이들은 식량을 나눠주는 조건으로 그룹별로 성 상납을 받고 보석 등을 빼앗는 등 전횡을 일삼는다. 의사 아내 또한 눈이 멀쩡하다는 것을 들키지 않기 위해 성폭행을 감수하지만, 만행이 계속되어 결국 우두머리를 가위로 찔러 죽여 응징한다. 이후 양측의 대치 과정에서 불이 나 시설이 불타고 살아남은 사람들이 살길을 찾아 흩어진다.

의사 아내가 이끄는 무리는 눈먼 자들의 도시에 복귀해 거주지를 확보하고 식량을 조달하며 하루하루를 버텨낸다. 개 한 마리가 합류해 일행과 함께한다. 이들이 도시의 삶을 못 견뎌 주거지를 시골로 옮기기로 하는 순간, 눈이 먼 사람 중에 볼 수 있는 사람이 생긴다. 이후 눈이 멀었던 순서대로 다시 시력을 되찾고, 세상은 눈이 보여, 눈이 보여 하는 소리로 가득 찬다.

의사의 아내와 의사가 대화를 나눈다. "나는 우리가 눈이 멀었다가 다시 보게 된 것이라고 생각하지 않아요. 나는 우리가 처음부터 눈이 멀었고, 지금도 눈이 멀었다고 생각해요." "눈은 멀었지만 본다는 건가?" "볼 수는 있지만 보지 않는 눈 먼 사람들이라는 거죠."

주인공 격인 의사 아내의 행동을 묘사하며 소설이 끝난다. 그녀는 고개를 들어 하늘을 올려다보았다. 모든 것이 하얗게 보였다. 내 차례구나, 그녀는 생각했다. 두려움 때문에 그녀는 눈길을 얼른 아래로 돌렸다. 도시는 여전히 그곳에 있었다.

사라마구 특유의 '환상적 리얼리즘'을 대표하는 작품. 대중성과 문학성을 두루 갖춘 소설로 평가받는다. 디스토피아 혹은 묵시록 소설이라고 할 이 작품은 재미있게 쑥쑥 읽히지만 은유와 상징이 가득하다.

쉼표와 마침표 이외의 문장부호를 전혀 사용하지 않는 독특한 구두법 사용으로 유명한 사라마구의 문체를 이 소설에서도 확인할 수 있다. 소설 마지막의 의사와 그의 아내 사이의 대화는 독자 편의를 위해 일부러 큰따옴표를 넣었다. 원문은 마침표만으로, 줄바꿈 없이 이어진다.

대화를 대화로 구분되지 않게 전하는 이런 구두법을 택한 의도는 소외의 상황이나 주체의 흐릿해짐을 드러내는 것으로 이해할 수 있다. 역으로 화자 식별을 위해 독자가 더 집중하게 만드는 효과를 거둘 수도 있다.

구두법 못지않게 특이한 건 등장인물의 이름이다. 〈눈먼 자들의 도시〉에선 사람이 고유명사로 명명되지 않는다. '안과 의사'나 '선글라스 쓴 여자'처럼 일종의 보통명사로 인물이 구분된다. 이런 장치는 등장인물에겐 소외를, 독자에게 문학의 보편성을 부여한다. 소설의 인물이 겪는 고통에 거리를 확보하며 내용에 더 몰입하게 하는 기능 또

생각거리

• "눈이 멀었다."는 것은 어떤 상징일까?
• 모두 눈이 멀고 나만 눈이 멀지 않았다면 나는 어떻게 행동할까?

한 엿볼 수 있다. 구두법과 함께 이같은 등장인물 명명법은 〈눈먼 자들의 도시〉를 소설의 형식 면에서 돋보이게 하고 사라마구 표 소설의 특징이 된다.

지역색과 인종적 특성을 모두 제거해버려서 사건이 일어나는 도시가 완전히 익명의 도시로 느껴진다. 독자는 자신이 사는 도시를 소설의 도시로 상상하며 읽을 수 있다. 예컨대 도시에 거주하는 한국 독자라면 자신 주변을 떠올릴 법하다.

소설은 "노란불이 들어왔다."로 시작해서 "도시는 여전히 그곳에 있었다."로 끝난다. 노란불의 상징성을 생각해 봄직하다. 빨간 신호등과 푸른 신호등 사이의 노란 신호등이 들어온 유예의 짧은 상황에서 운전자가 눈이 멀고, 곧 이 기이한 전염병으로 도시의 모든 사람이 눈이 먼다. 단 한 사람만 빼고.

작품에서 눈이 먼 것은 픽션 속에서 물리적 사실이지만 작품으로서 당연히 명백한 은유다. 의사의 아내가 "처음부터 눈이 멀었다."고 말한 것은 인간 존재의 편협함과 자아의 감옥을 뜻한다. 작가가 하려는 말은 실제로는 눈이 멀지 않았다는 것이다. 실제로는 눈이 멀지 않았지만, 보지 않는 사람이 눈먼 사람이라는 진단이다. 가톨릭 등 종교에 비판적인 사라마구의 입장에서 신앙 또한 눈먼 상태에 속한다.

전쟁은 여자의 얼굴을 하지 않았다

스베틀라나 알렉시예비치(1948년~, 벨라루스, 2015년 수상)

우크라이나에서 태어나서 벨라루스에서 성장하고 활동했다. 부친은 벨라루스계, 모친은 우크라이나계다. 두 나라 모두 옛 소비에트사회주의공화국연방에 속했으니 출생 기준으론 부모나 알렉시예비치 모두 소련 사람인 셈이다.

벨라루스 국립대를 졸업한 후 잡지사 기자로 사회생활을 시작했다. 기자로 일하며 틈틈이 글을 썼다. 기자 특성을 살려 취재원의 구술을 받아 정리해 들려주는 방식의 글쓰기를 했다. 〈전쟁은 여자의 얼굴을 하지 않았다〉 〈아연 소년들〉 〈체르노빌의 목소리〉 등 그의 주요 저작이 이런 방식으로 생산됐다.

1991년 소련 붕괴 후엔 벨라루스 루카셴코 정권에 비판적이어서 정권의 박해를 피해 2000년 벨라루스를 떠나 파리에 정착했다. 반체제 작가로 주목받아 2007년 펜(PEN)상을 받았다. 2011년에 귀국해 민스크에 정착했으나 2020년 발생한 시위를 지지한 뒤 당국의 조사를 받고는 그해 9월 독일로 떠났다. 출국 당시 상황이 좋아지면 돌아오겠다고 해 내용상 망명임을 인정했다. 2022년 러시아가 우크라이나를 침공하자 러시아와 러시아를 지원하는 벨라루스 정부를 신랄하게 비판했다.

누군가 우리를 배반하는 바람에 (…) 독일군이 우리 빨치산의 은신처를 알아버렸어. 숲과 은신처로 통하는 모든 길이 포위당했지. 우리는 더 깊은 숲으로 숨어들었고, 그곳의 늪지대 덕분에 목숨을 건질 수 있었어. 독일군 추격대도 거기까지는 못 들어왔거든, 늪지대까지는. 늪은 기계건 사람이건 가리지 않고 닥치는 대로 게걸스럽게 빨아들였어. 우리는 몇 날 며칠, 몇 주를 머리만 내놓고 목까지 늪에 잠겨 있었어. 우리 일행 중에 여자통신병이 있었는데, 출산한 지 얼마 되지 않은 참이었지. 아이가 배가 고파서 젖 달라고 보채는데 (…) 엄마도 먹은 게 없으니 젖이 나올 리 없었지. 아이가 울어댔어. 아이는 울지, 독일군 추격대는 코앞에 있지 (…) 수색견까지 데리고 (…) 만약 개들이 아이 울음소리를 듣기라도 하면, 우리는 다 죽은 목숨이나 마찬가지였어. 서른 명이나 되는 우리 목숨이 다 (…) 이해가 돼? 결국 지휘관이 결단을 내렸어. 누구도 지휘관의 결정을 아이 엄마에게 차마 전하지 못하고 망설이는데, 그녀가 스스로 알아차리더군. 아이를 감싼 포대기를 물속에 담그더니 그대로 한참을 있었어 (…) 아기는 더이상 울지 않지 (…) 아무 소리도 내지 않았어 (…) 우리는 차마 눈을 들 수가 없었어. 눈을 들어 아기 엄마를 마주 대할 수도, 서로의 얼굴을 바라볼 수도 없었지 (…)

전쟁이 끝나고 나는 몇 년 동안 피냄새에 시달렸어. 정말 지긋지긋하게 오래도록 나를 괴롭혔지. 빨래를 하려고 해도 피냄새가 풍기고 식사를 준비하려고 해도 또다시 그 냄새고. 누가 빨간색 블라우스를 선물해 줬어. 당시는 천이 귀할 때라 블라우스는 참 값비싼 선물이었거든. 그런데도 나는 그 옷을 한 번도 입지 않았어. 빨간색이라서. 그래, 나는 이제 빨간색이라면 떠올리는 것만으로도 끔찍해. 장 보러 가게도 못 다녔어. 정육 코너는 더더군다나, 여름엔 특히 더 (…) 닭고기를 보면, 그제 정말 비슷하잖아. 사람 살처럼 하얀 게 (…) 남편이 나 대

신 장을 보러 다녔지 (…) 여름엔 아예 시가지에 머물 수가 없었어. 어디로든 떠나 있어야 했어. 여름만 오면 금방이라도 다시 전쟁이 일어날 것 같아 견딜 수가 없었거든.

〈전쟁은 여자의 얼굴을 하지 않았다〉(스베틀라나 알렉시예비치 지음, 박은정 옮김, 문학동네)엔 도입부 약간을 빼고는, 제2차 세계대전에 참가하고 살아남은 여성 200여 명의 목소리가 담겼다. 여성으로 참전해 독일에 맞서 싸웠지만, 침묵을 강요당한 소비에트 여군들의 이야기를 알렉시예비치가 인터뷰해 정리했다. 위 인용문과 비슷한 내용이다.

전쟁문학의 기념비적인 작품으로 꼽히는 이 책의 저자 스베틀라나 알렉시예비치는 노벨문학상을 받았지만 소설가도, 시인도 아니다. 〈전쟁은 여자의 얼굴을 하지 않았다〉를 통해 작가는 자신이 '소설−코러스'라고 부르는 독특한 장르를 개척했다. '목소리 소설(Novels of Voices)'이라고도 불린다. 오랜 시간 수백 명을 인터뷰해 모은 이야기를 보통의 넌픽션 형식으로 썼지만 소설 이상으로 감동적으로 읽혀서 문학의 호소력에 못지않다.

처음 사람을 죽이고 엉엉 울어버린 소녀, 첫 생리가 있던 날 적의 총탄에 다리가 불구가 돼버린 소녀, 전장에서 열아홉 살에 머리가 백발이 된 소녀, 전쟁에 나가기 위해 자원입대하는 날 천연덕스럽게 가진 돈 다 털어 사탕을 사는 소녀, 전쟁이 끝나고도 붉은색은 볼 수 없어 꽃집 앞을 지나지 못하는 여인, 전장에서 돌아온 딸을 몰라보고 손님 대접하는 엄마, 딸의 전사통지서를 받아들고도 밤낮으로 딸이 살아 돌아오기를 기도하는 늙은 어머니….

제2차 세계대전에 백만 명이 넘는 옛 소련 여성이 전쟁에서 싸웠다. 하지만 그들 중 그 누구의 이름과 얼굴도 기억되지 않았다고 작가는 지적한다. 이 책에서 입을 연 여

생각거리

- '다큐멘터리 문학'이란 무엇일까?
- 여자들의 전쟁과 남자들의 전쟁은 어떤 게 다를까?

성들은 거의 모두 생애 처음으로 자신의 전쟁 체험을 고백했다. 그동안 공식적인 소비에트 전쟁 기록에서 철저히 배제된 이야기다. 전쟁의 추하고 냉혹한 얼굴, 배고픔, 성폭력, 그들의 분노와 지금까지 드리워진 죽음의 그림자를 담아낸 이 작품은 1985년 간신히 출간되었고, 2002년엔 검열에 걸려 삭제된 내용을 추가하여 다시 세상에 선보였다.

이 책은 여자들의 전쟁을 이야기한다. 남자들은 전쟁에서 거둔 승리와 공훈을 말하고 전선의 전투와 사령관의 영웅적인 이야기를 전하지만, 여자들은 전혀 다른 것을 이야기한다. 여자들은 전장에서도 사람을 보고, 일상을 느끼고, 평범한 것에 주목한다. 전선에서 싹튼 사랑 이야기도 있다.

전쟁이 끝난 후 남자들과 달리 여자들에겐 또 다른 전쟁이 기다렸다. 왜냐하면 다시 예쁘게 미소짓고, 높은 구두를 신고, 결혼 준비를 해야 하는 여자로 돌아가야 했기 때문이다. 남자들은 자신들의 전우였던 여자들을 잊어버렸고 또 배신했다. 여자들의 전쟁은 그렇게 잊혀버렸다. "다성악 같은 글쓰기로 우리 시대의 고통과 용기를 담아낸 기념비적 문학." 노벨문학상 선정 이유다.

운명

임레 케르테스(1929~2016년, 헝가리 · 2002년 수상)

헝가리 왕국의 부다페스트에서 목재상을 하던 유대인 중산층 가정에서 태어났다. 5살 때 부모가 별거한 후 기숙학교에 들어갔고 유대인 박해가 시작돼 14살의 나이에 수용소에 끌려갔다. 악명 높은 독일 부헨발트 수용소와 차이츠 수용소에 수감됐다가 독일의 패전과 함께 2차 세계 대전이 끝나면서 석방되어 부다페스트로 돌아왔다. 고등학교를 졸업하고 일간지 편집자, 공장 노동자, 프리랜서 작가, 번역자 등으로 일했다. 니체. 프로이트, 비트겐슈타인 등 많은 독일어권 작가의 작품을 헝가리어로 번역해 소개했다.

1973년에 13년의 집필 기간을 걸친 첫 소설 〈운명〉을 완성했다. 당시 헝가리 정권에 의해 출판이 막히다가 2년 뒤에 출간되었다. 작가의 수용소 체험을 다룬 자전적 소설이다. 2005년에 영화로 만들어졌다. 이어 〈좌절〉 〈태어나지 않은 아이를 위한 기도〉 〈청산〉 등 홀로코스트를 주제로 한 일련의 작품을 발표하면서 인간성의 본질을 탐구했다. 앞의 세 작품까지를 '운명 3부작' 또는 네 작품을 포괄해 '운명 4부작'이라 한다. 홀로코스트 3부작으로 명성을 얻어 많은 상을 받았고, 노벨문학상을 수상한 데 이어 2014년에 헝가리 최고 훈장인 성 이슈트반 훈장을 받았다.

참고: 원제인 Sorstalanság는 '무운명=운명이 없다.'의 뜻이다.

헝가리 부다페스트의 중산층 유대인 부모 아래에서 평범한 유년을 보내던 14살 소년 죄르지는 언제부터인가 자신을 둘러싼 세계가 조금씩 바뀌어 가는 것을 느낀다. 노란색 별을 가슴에 붙이고, 생필품 배급이 절대적으로 부족해지고, 그중 가장 큰 변화는 아버지가 가족을 떠난 것이다. 전체 9장으로 구성된 소설에서 1장은 아버지와 헤어지는 장면이다. 일가친척이 모여 마지막으로 식사하며 노동 봉사에 소집된 아버지와 이별하는 의식을 치른다.

"내가 뭐라고 말을 하자 아빠가 나를 와락 안더니 준비도 안 된 상태에서 갑자기 힘껏 끌어안았다. 이 때문인지, 그저 지쳐서인지, 아침에 가장 먼저 새엄마가 내게 한 요청 때문에 내가 어느 순간엔가는 무조건 눈물을 흘릴 준비를 하고 있었기 때문인지는 몰라도 내 눈에서 눈물이 흘러내렸다. 이유야 어떻든 눈물을 흘린 것은 결국 잘한 일이었다. 아빠가 눈물 흘리는 내 모습을 보고 흡족해한다는 느낌을 받았기 때문이다. 잠시 후 아빠가 가서 자라며 나를 들여보냈다. 나는 무척 피곤했다. 하지만 내 생각에 최소한 그날 하루만큼은 불쌍한 아빠가 좋은 기억을 가진 채 노동 수용소로 떠나게 한 듯싶다."

다음날 떠난 아버지는 영영 가족에게 돌아오지 못했다. 2~8장은 수용소로 끌려가는 과정과 그곳의 생활을 그렸다. 유대인 소년들에게 할당된 공장 노동에 징집된 죄르지는 어느 날 공장으로 가던 버스에서 끌려 나와 감금된다. 갑작스러운 연행에 이어 가축우리를 방불케 할 수용소행 기차를 타고 도착한 곳은 아우슈비츠였다. 그러나 그때는 처음 들어본 낯선 지명에 불과했고 소년은 다행히 아우슈비츠에 수용되지 않았다. 부헨발트 수용소와 차이츠 수용소에 차례로 수용돼 매일 도처에 도사린 죽음과 맞서 싸운다.

수용소의 비참함과 잔혹한 노동, 비인간적인 환경 속에서 소년은 오히려 자신에게 주어진 것들을 주어진 대로 받아들이고 가능한 한 모든 것을 견뎌 내는 법을 익힌다. 죽음에서 삶을 발견하는 유일한 방법이었다. 부족한 식량을 아껴서 먹고, 살인적 노동을 기계적으로 해내고, 그곳을 지배하는 폭력적인 규칙에 순응하면서 삶을 사는 것에만 집중한다.

소년은 1944년 수용소에 들어가 1945년 2차 세계 대전이 끝난 뒤 부다페스트 거리로 돌아온다. 그사이에 자신이 노인처럼 변해 버렸다고 느낀다. 마지막 9장은 부다페스트로 복귀한 그의 심정을 그린다. 도저히 지속할 수 없을 것 같은 나의 삶을 지속해 가야겠다. 그가 마지막으로 품은 각오였다.

홀로코스트 생존자인 작가가 가장 비인간적인 공간 속에서 가장 존엄한 인간성을 모색한 기록이다. "야만적이고 제멋대로인 역사에 맞선 한 개인의 취약한 경험을 지켜내려 한 작가"라는 노벨문학상 선정 이유에서 드러나듯 〈운명〉은 자신의 홀로코스트 생존 경험을 의미 있는 울림으로 전환해 현대인에게 전한다.

〈운명〉과 '운명 4부작'은 아우슈비츠 자체를 고발하는 데에 그치지 않고 아우슈비츠 너머를 사유한다. 익숙한 세계에서 쫓겨나 상상조차 할 수 없었던 최악의 수용소에 던져진 소년의 시선으로 가장 비인간적인 세계에서 인간이 인간임을 주장하기 위해선 어떠해야 하는가를 모색한다.

작가의 관점이 특별한 것은 유대인 강제 수용소를 분노에 가득 차 고통만으로 기록하지 않는다는 점이다. 자족과 인내를 통해 운명을 받아들이는 다른 방식의 성찰은 '수용소 문학' 중에서 케르테스 작품의 특징이다. 그러나 작품을 이해하면서 소년 죄르지의 차분한 고백을 오해하지는 말아야 한다. 작가의 강렬한 체험을 그대로 반영한 직설적 고발이 아니라, 애써 담담하게 거리를 유지하려는 듯한 기술을 통해 독자에게 피상적인 판단을 재고할 것을 요구한다. 따라서 다음의 마지막 문장은 정독해야 한다.

"나는 틀림없이 어머니가 원하는 사람이 될 것이다. 극복하지 못할 불가능은 없기 때문이다. 내가 나아갈 길 저만치에 행복이 피해갈 수 없는 덫처럼 숨어서 나를 기다리고 있음을 나는 안다. 가스실 굴뚝 옆에서의 고통스러운 휴식 시간에도 행복과 비슷한 무언가가 있었기 때문이다. 모든 사람이 내게 수용소에서의 역경과 끔찍한 일들에 대해서만 묻는다. 나에게는 이러한 경험들이 가장 기억할 만한 일들로 남아 있는데 말이다. 그래, 사람들이 나중에 묻는다면 그때는 강제 수용소의 행복에 대해 얘기해 주어야 할 것 같다. 사람들이 묻는다면, 그리고 내가 잊지 않는다면 말이다."

'강제 수용소의 행복'을 말한 이 놀라운 결말의 강조점은 그러나 행복이 아니라 사람들이 강제 수용소에 대해 계속 물어야 하고 자신이 그 경험을 잊지 말아야 한다는 다짐이다. 작품의 원제는 '운명 없음'이다. 운명을 인간이 피할 수 없지만, 그래도 운명 같은 건 없다고 믿는 건 인간이 존엄하기 때문이다. 마지막에 작가가 한 말의 의미다.

아르세니예프의 인생

이반 부닌(1870~1953년, 러시아 · 1933년 수상)

러시아의 유서 깊은 귀족 가문에서 태어났다. 어려서부터 시적 감수성을 지녀 푸시킨과 레르몬토프를 동경하면서 시를 썼다. 도박중독자인 아버지가 재산을 탕진함에 따라 공립학교를 다니던 중 재정적 어려움으로 퇴학당했다.

20대 중반에 톨스토이를 만나고 그의 문학과 사상에 매료된다. 기자, 공무원. 편집자 일을 하며 페테르부르크와 모스크바에서 체호프, 고리키 등과 교류했다. 1903년과 1909년 두 번 푸시킨상을 받았다. 〈샌프란시스코에서 온 신사〉 등을 발표하며 작품 활동을 하던 중 러시아 혁명을 맞아 혁명을 "인류 사회를 폭력으로 재편하려는 피로 얼룩진 광기"로 규정하며 1920년 프랑스로 망명했다. 망명 후 다른 나라 국적을 획득하지 않고 무국적으로 살았다. 1920년대~1930년대에 톨스토이와 체호프의 계승자로 여겨져 유럽 문인들 사이에서 존경을 받았고, 이런 분위기 속에서 1933년 러시아인 최초로 노벨문학상을 받았다.

제2차 세계대전 직후 옛 소련 정부는 작가로 명성이 높았던 그를 귀국시키려고 노력했다. 반공 성향의 부닌을 설득하는 데 공을 들이고 소련 내 작품 출판까지 주선하였으나 그가 끝내 귀국을 거부했다. 프랑스 파리에서 무국적자로 사망하였다.

'아르세니예프의 인생'이란 제목에서 짐작할 수 있듯이, "나는 반세기 전에 중부 러시아의 시골에 있는 아버지의 영지에서 태어났다."로 시작하는 아르세니예프란 인물의 일대기를 그린 소설이다. 주인공인 몰락한 귀족 가문 출신 아르세니예프가 지난 삶을 회상하는 형식을 취한다.

유년 시절의 기억은 고향 마을의 자연과 관련된다. 삼림과 초원, 계곡과 산비탈, 풀 향기가 스며든 뜨거운 바람, 창을 가득 채우던 가을 달, 세상을 덮은 하얀 눈과 봄을 예고하는 눈석임물 등 러시아 중부 지역의 전원생활을 생생하게 그린다.

소설의 끝에 집필 시점을 '1927~1929, 1933'으로 적어놓았으니 소설이 러시아 역사의 격동기를 다루지 않을 수는 없다. "내가 알고 있는 거의 모든 벽에 걸려 있는 체르니솁스키"나 벨린스키, 톨스토이 등의 이름이 등장하는, 혁명을 앓은 19세기말~20세기 초 러시아가 배경이다. 그러나 소설은 역사에 초점을 맞추지 않는다.

기억을 떠올려 과거사를 곱씹어 보는 게 아니라 그것의 현재 의미를 탐구한다. 러시아의 광활한 자연을 배경으로 혁명에 휩쓸린 개인을 묘사하지 않는다. 삶을 돌이켜 자신을 사유하는 과정으로 소설이 구성된다. 당연히 다루는 50년이 균등하게 배분되지 않았고 특정한 장면을 더 부각된다.

아르세니예프는 여동생과 할머니를 비롯해 주변 사람들의 죽음과 청년 시절 자신을 불태운 사랑을 통해 삶의 의미를 추적한다. 소설 속에 등장하는 죽음은 모두 7번이다. 그중 한번은 사랑과 겹쳐진다. 5개 장으로 구성된 소설의 마지막 장을 채우는 리카와 만남은 아르세니예프의 젊은 날을 지배한, 인생에서 가장 특별한 사건이다.

아르세니예프의 스무 살 겨울, 리카는 몇 줄의 메모를 남기고 떠났다. 자신의 아버지 집으로 가버렸고, 그의 아버지로부터 "내 딸은 떠났고 자신의 소재지는 아무에게도 알리지 말라고 했네."라는 얘기를 들을 뿐이었다. 아르세니예프는 끈질기게 리카의 편지를 기다렸지만 무정하고 잔인하게 답장은 없었다. "그해 봄에 나는 리카가 폐렴에 걸려 집으로 돌아왔고, 일주일도 못 돼 죽었다는 사실을 알았다. 죽음을 가능한 한 오랫동안 내게 숨기게 한 것도 그녀의 뜻이었음을 알았다."

소설은 이렇게 끝난다.

> "최근에 나는 꿈속에서 그녀를 보았다. 그녀 없이 살아온 나의 긴 생애를 통틀어 단 한 번 일어난 일이었다. (…) 커다란 사랑과 기쁨의 힘을, 결코 누구에게서도 느낄 수 없는 육체적이고 정신적인 친근함을 강하게 느꼈다."

이반 부닌의 고향 보로네시는 중부 러시아에서 남쪽이다. 우크라니아와 멀지 않은 지역으로 끝없이 초원이 펼쳐진다. 러시아 하면 떠올리는 혹한과도 거리가 있다.

문단에 데뷔해 쓴 시는 "정확하고 생생한 자연의 감촉과 묘사"라는 찬사를 받았다. "엄격한 예술성으로 러시아 고전문학의 전통을 계승한 작가"라는 평가를 받아 노벨문학상을 수상했다. 볼셰비키 혁명에 반대해 망명하였기에 부닌의 작품은 한동안 러시아에서 출판이 금지되었고, '불온한 작가'로 분류되었기에 작가의 이름마저 언급되지 않았다.

〈아르세니예프의 인생〉은 부닌은 쉰 살이 되던 1920년에 '내 삶에 관한 책'의 집필을 구상하고 1927년에 본격적으로 쓰기 시작해 1933년에 완성했다. 망명 시기에 집필한 이 작품은 서정적이며 시적인 부닌의 문체와 살아있는 듯한 자연 묘사, 삶의 보편성에 관한 성찰이 잘 어우러진, 부닌의 대표작으로 꼽힌다.

"전혀 다른 것, 내가 쓸 수 있었고 써왔던 것과는 전혀 다른 것, 즉 내가 쓸 수 없었던 것을 쓰고 싶다는 간절한 생각으로 괴로워하는" 소설의 아르세니예프에서 독자가 청년 부닌의 모습을 떠올리는 건 어쩔 수 없겠다. 중학생 시절, 수업시간에 〈오디세이

- 작가는 왜 자전적 소설로 불리는 것을 싫어했을까?
- 아무것도 아닌 것이면서 나날의 근원이 되는 것은 무엇일까?

아〉를 읽다가 혼이 나자 "제게 소리치지 마시고, '너'라고 말하지 마세요. 저는 당신 아이가 아닙니다."라고 대꾸한 아르세니예프는 〈일리아스〉를 몰래 읽다 적발돼 교사에게 혼나자 "저는 어린아이가 아닙니다."라고 응대했다는 부닌의 일화와 겹쳐진다. 아르세니예프의 부모형제가 부닌과 비슷하게 그려지고, 소설 속 형의 체포와 여동생의 죽음은 부닌이 실제로 겪은 일이다. 따라서 회고록 겸 성장소설의 요소가 강하게 드러난다. 소설이 다루는 시기에 작가의 노년이 포함되지 않았다.

그럼에도 부닌은 〈아르세니예프의 인생〉이 자전적 소설이라 불리는 것을 매우 싫어했고 자전적 요소에 초점을 맞춰 이 소설을 평가하는 방식에 마땅치 않아 했다고 한다. 소재가 개인적인 것이라고 하여도 문학적으로 보편성을 성취했다는 작가의 주장인 셈이다.

작품 초고에는 '나날의 근원'이라는 부제가 붙어 있었다. 또 이 소설을 준비하던 시기 일기에 '아무것도 아닌 것에 관한 책'을 쓰고 싶다는 의지를 밝혔다. 아무것도 아닌 것이면서 근원이 되는 것을 탐색한 결과물이 이 소설인 셈이다.

쿠오 바디스

헨리크 시엔키에비치(1846~1916년, 폴란드 · 1905년 수상)

귀족 가문 출신으로 유복한 환경에서 성장해 바르샤바 대학 의학부에 입학했다가, 1년 뒤 문학과 역사, 철학으로 전공을 바꾸었다. 1871년 당시 폴란드를 통치하던 제정 러시아가 바르샤바 대학 이름을 바르샤바 제국대학으로 바꾸고 학생들에 대한 통제를 강화하자 불복의 뜻으로 대학을 중퇴했다.

대학 중퇴 후 창작에 전념했으나 크게 성공하지 못했다. 주간 신문 특파원 자격으로 미국과 이탈리아와 프랑스를 방문하고 돌아와 해외에서 쌓은 경험을 바탕으로 주목할 만한 작품들을 발표해 폴란드를 대표하는 작가로 우뚝 섰다. 시엔키에비치가 작가 생활을 한 지 30년이 되던 해인 1900년에 전원생활을 하며 글을 쓸 수 있는 약간의 땅을 국민들이 마련해 작가에게 주었다. 그만큼 폴란드인들로부터 많은 사랑을 받았다는 뜻이다.

시엔키에비치는 1914년까지 이곳에 머물면서 폴란드인에게 힘을 주는 소설을 썼다. 1914년 제1차 세계대전이 발발하자, 스위스로 건너가 조국 폴란드의 독립을 위한 모금활동을 펼치면서 국제적십자의 구호활동에도 참여하였다. 1916년 새로운 소설을 집필하던 중 스위스에서 사망했다. 유해는 유언에 따라 1923년 조국 폴란드로 옮겨와 바르샤바에 묻혔다.

참고: 1895~1896년 동안 〈폴란드 일보〉에 연재한 후 1896년에 폴란드어로 3권짜리 단행본으로 출판되었다.

로마제국의 젊은 귀족 비니키우스는 로마에 인질로 잡혀 와 그곳에서 생활하는 이민족 공주 리기아를 보고 사랑에 빠진다. 리기아는 당시 금지된 종교인 기독교에 귀의한 상태였다. 비니키우스의 후견인이자 삼촌 격인 페트로니우스는 비니키우스의 마음을 알아채고 리기아를 그녀의 보호자이자 양아버지나 다름없는 로마 귀족 플라우티우스의 집에서 옮겨 비니키우스 보호하에 두기로 하지만, 호송 중에 기독교인들이 그녀를 빼돌려 그들의 은거지로 데리고 간다.

사랑에 눈먼 비니키우스는 그리스 철학자 킬로를 고용해 리기아를 찾는다. 킬로는 리기아가 기독교인임을 파악하고 로마의 기독교 공동체에 잠입한다. 기독교 공동체 전체가 밤에 도시 밖에 모여 사도 베드로의 강론을 듣는다는 정보를 입수한 비니키우스는 거기서 리기아를 발견할 수 있으리라는 희망에 집회에 참석한다. 기대한 대로 리기아를 발견한 비니키우스는 기독교인의 은신처로 쫓아가 그녀를 되찾아오려 하지만 리기아와 같은 민족으로 그녀의 경호원인 거인 우르수스에 막혀 뜻을 이루지 못하고 맞서는 과정에 다친다.

기독교인들이 비니키우스를 죽이지 않고 데려가 간호한다. 건강을 회복하는 과정에 비니키우스와 리기아는 사랑하는 사이가 된다. 비니키우스가 사도 베드로와 바울에게 개종을 약속한 후, 두 사람은 기독교인들의 축복 속에서 약혼한다.

이제 유명한 로마의 화재 사건이 등장한다. 네로와 함께 로마를 떠나 있던 비니키우스는 로마가 화염에 휩싸였다는 소식을 듣고 리기아를 구하러 로마로 돌아간다. 베드로는 비니키우스와 리기아를 불길에서 구해준 후 그 자리에서 비니키우스에게 세례를 준다.

네로가 기독교인들이 방화했다고 책임을 떠넘기고 리기아를 포함한 많은 기독교인이 체포된다. 콜로세움에서 볼거리의 하나로 기독교인들이 희생되고, 리기아와 우르수스가 마지막 공연을 위해 남아 있다. 이 공연에서 우르수스가 뛰어난 공을 세우자 관중은 네로에게 두 사람을 살려달라고 요청한다. 사지를 벗어난 리기아는 비니키우스와 재회해 결혼하고, 두 사람은 시칠리아로 떠나 기독교인의 삶을 살아간다.

소설은 페트로니우스의 자살을 결말에 포함해 보여주고, 에필로그에서 네로의 몰락과 죽음을 묘사한다. 이어 아주 짧게 베드로의 순교를 설명하며 "네로는 그렇게 허무하게 사라져갔다…그러나 베드로의 대성당은 지금도 바티카누스 언덕에서 로마와 온 세계를 굽어보고 있다."고 말한다. 소설 마지막 문장은 '주요 어디로 가시나이까'란 뜻의 "쿠오 바디스 도미네(Quo vadis, Domine)?"다.

동유럽의 폴란드는 주변 강대국들의 끊임없는 침략으로 독립과 종속을 거듭했다. 1795년 러시아, 프로이센, 오스트리아에 의해 분할된 후 1918년 독립할 때까지 폴란드는 이 세 나라의 지배를 받았다. 시엔키에비치는 제정 러시아에 편입된 폴란드 지역에서 태어나고 자랐다. 나라를 잃은 폴란드 민중의 고통에 공감하며 폴란드의 역사성과 민족성을 작품으로 표현하는 데 힘을 쏟았다.

〈쿠오 바디스〉를 발표하기 전에 일간지 [스워보]에 〈불과 검〉(1884년), 〈대홍수〉(1886년), 〈판 보우오디요프스키〉(1887~1888년) 등 폴란드의 역사를 소재로 한 역사소설 3부작을 연재했다. 코사크, 타타르, 스웨덴, 튀르크 등 외세와 싸우는 폴란드 영웅들의 시대를 그린 이 소설들로 시엔키에비치는 국민작가로 떠올랐다. 당시 폴란드 독립운동을 위해 전장에 나간 의용군 병사의 배낭에는 어김없이 시엔키에비치의 소설이 들어 있었다고 한다.

시엔키에비치의 작품 가운데 대중적으로 가장 유명하고 노벨문학상 수상에 가장 크게 기여한 작품이 1896년에 발표한 〈쿠오 바디스〉다. 소설의 마지막 문장인 '쿠오 바디스 도미네'는 신약성서 요한복음 13장 36절의 "주여, 어디로 가시나이까"의 라틴어 문장이다. 죽음을 앞둔 예수에게 베드로가 물은 말이다.

- '쿠오바디스도미네'는 소설과 성서에서 각각 어떤 의미로 사용되었나?
- 우리나라에서도 문학을 통해 독립 정신을 고취한 사례를 찾아볼 수 있을까.

이 소설은 1세기 무렵 로마를 배경으로 폭군 네로가 초기 기독교 신자들을 박해한 역사적 사실을 소재로 삼았다. 로마제국으로부터 온갖 박해를 받지만 결국은 승리해 살아남은 기독교의 모습을 통해 작가는 러시아·프러시아·오스트리아에 속박당한 폴란드가 언젠가 독립의 성취할 수 있으리라는 희망의 메시지를 전했다.

동시에 온갖 고난과 박해에도 불구하고 결국엔 진리가 승리한다는 보편적인 메시지를 담았다. 로마의 대화재와 기독교 박해라는 역사적 사건에 던져진 가상의 두 남녀 사랑 이야기는 단지 역경을 넘어선 로맨스에 머물지 않고 타락한 로마 사회에 대한 기독교 신앙의 도덕적 승리를 역설한 서사로 제시된다. 사치와 향락으로 점철된 로마 문명을 대표하는 인물들과 이에 맞서 사랑과 자비, 신앙을 통해 새 세상을 꿈꾸는 기독교 인물들이 뚜렷한 대비를 이룬다.

1897년 영역판이 발간된 이래 많은 나라에서 번역이 되었고, 영화·연극·오페라 등 다양한 장르로 각색되어 인기를 누렸다.

42

벌집

카밀로 호세 셀라(1916~2002년, 스페인 · 1989년 수상)

스페인 북부 갈리시아의 중산층 가정에서 태어났다. 세관 관리였던 아버지를 따라 어려서 스페인 여러 지방과 도시를 옮겨 다녔다. 9살에 수도 마드리드에 정착. 의과대학에 진학하지만 1학년을 마친 뒤 포기했고, 세관 관리가 되기 위한 공부에도 집중하지 못한 채 방황했다. 이 시기에 문학 강의를 청강하며 문학을 접했으며, 처음으로 시를 써서 문예지에 발표한다.

20살에 스페인 내전이 일어나자 프랑코 휘하의 반란군에 들어가 참전 중 부상으로 병원 신세를 졌다. 전장에서 돌아와 첫 소설 〈파스쿠알 두아르테 가족〉을 발표하여 상업적으로 큰 성공을 거두었지만, 당국으로부터 출판 금지 조치를 당한다. 5년여 시간을 쏟아부은 〈벌집〉 또한 검열을 통과하지 못하고 완성한 지 3년이 지나 아르헨티나에서 어렵게 출간할 수 있었다.

1957년 스페인 왕립 학술원의 종신회원이 되었고, 1977년에는 국왕에 의해 초대 상원의원으로 지명받아 헌법 개정에 참여했다. 스페인 소설가로는 처음으로 노벨문학상을 받았다. 말년까지 소설을 비롯해 시, 수필 등 여러 장르에 걸쳐 왕성하게 작품 활동을 했다.

무수한 작은 방이 다닥다닥 붙어 있는 벌집처럼, 스페인 내전(1936~1939년)이 끝난 1940년대 초 마드리드에서 이야기가 펼쳐진다. 작가의 설명에 따르면 등장인물이 296명이나 되기에 이 소설엔 딱히 주인공이라 할 만한 인물이 없다.

그나마 주요 등장인물로 분류될 카페 여주인 도냐 로사와 시인 마르틴 마르코가 소설 초반부터 등장한다. 인간군상이 모여 사는 마드리드에서 이 카페는 공간으로서 소설의 중심이 된다. 거칠고 탐욕스러운 성격으로 묘사된 로사가 직원을 시켜 돈이 없는 마르틴을 모질게 거리로 쫓아낸다. 마르틴은 추운 겨울 도시를 정처 없이 떠돈다. 평등한 세상을 꿈꾸는 시인이지만, 실제로는 군밤 하나 사 먹을 형편이 못 되는 그는 친구나 누이, 돌아가신 어머니의 옛 친구 집을 전전하며 잠자리와 먹을 것을 구걸하며 근근이 살아간다.

다른 등장인물도 마르틴과 처지가 비슷하다. 시간이 흐르기만을 기다리는 맹인, 소시지 샌드위치와 싸구려 빵을 으적으적 씹는 나이 어린 타이피스트, 암의 고통을 애써 참는 여자, 입을 반쯤 벌리고 침을 흘리는 바보 여인, 무릎 위에 쟁반을 올려놓은 방물장수 등 모두가 의지할 데 없이 매서운 추위를 맨몸으로 견디는 마드리드의 빈민이다.

가게 진열장을 들여다보던 마르틴은 대학 때 같은 동아리에서 활동한 나티를 만난다. 지적이고 열정적인 여성 운동가 나티는 세련되고 고급스러운 여성으로 변했다. 마르틴은 이내 그가 매춘 여성이 되었다는 사실을 깨닫는다. 나티에게 10두로를 빌려 그 카페에 간 마르틴은 로사가 보란 듯이 돈을 갚고 잠시 승리감을 느끼지만, 남은 돈을 잃어버리고는 다시 예전의 모습으로 돌아간다.

다른 등장인물도 마르틴처럼 다람쥐 쳇바퀴를 돌듯 그저 희망 없는 하루하루를 버텨낸다. 아무리 노력해도 가난을 벗어날 수 없는 마르틴의 누이 필로, 도냐 로사가 죽어서 재산을 물려받을 날만 기다리는 난봉꾼 돈 로케, 니체를 마음속에

품고 살지만 현실에선 외상값을 떼일까 봐 전전긍긍하는 셀레스티노, 사업에 실패했지만 약자 앞에서는 거들먹거리는 돈 레오나르도, 어머니를 죽인 살인범으로 몰린 동성애자 수아레스 등…. 초라하고 남루하게 또 겁먹은 채 오늘도 별 탈없이 넘어간 것에 만족하는 마드리드 시민의 비참한 일상을 건조하게 또 세밀하게 묘사한다.

막바지에 이르러 마르틴은 현상수배범이 된다. 무력한 일상을 반복하는 그가 왜 현상수배범이 됐는지 설명이 없고 마르틴은 자신이 수배됐다는 사실을 모른 채 소설이 끝난다.

동족상잔의 비극을 경험한 1940년대 초 마드리드를 배경으로, 스페인 내전이 남긴 전쟁의 상처와 인간의 고통, 남루한 삶을 그린 작품. 출구 없이 반복되는 지옥 같은 일상에서, 전쟁에서 살아남은 민중은 살아남은 것을 기뻐하기보다 살아남은 절망에 잠겨든다.

1~6장과 마지막 장에 걸쳐 모두 215장면으로 이루어졌다. 시간 순서대로 스토리가 흐르지는 않는다. 등장인물은 작가 설명으론 296명이나 이 설명에 이견이 있을 정도로 많은 인물이 나타난다. '벌집'이란 제목은 이 소설이 집체극이 아니라 독백극의 무수한 병렬적 배치임을 암시한다.

누구도 내전의 상처를 이야기하지 않지만, 모두가 그 끔찍하고 두려운 기억에서 벗어나지 못한다. 약 300명의 마드리드 사람이 그물망으로 서로 얽혀 있고, 작가는 이 그물망을 통해 가난과 공포, 좌절과 탐욕, 사랑과 충동 등 그 시대 마드리드의 인간사를 써 내려간다. 작가는 가능한 한 개입하지 않고 일상을 더하거나 빼지 않고 보여주는 것으로 만족한다.

이에 따라 기승전결이라는 소설의 흔한 형식이 깨질 수밖에 없고, 뚜렷한 줄거리 없이 벌떼가 모인듯이 웅성거리는 이야기 덩어리가 보일 뿐이다. 그러나 무질서의 이면에 독자에게 긴장감을 유지하게 하고 전개의 역동성을 만드는 리듬이 존재한다.

셀라의 문학을 두고 많은 비평가가 전율주의(tremendismo)라는 용어를 쓴다. 전율주의는, 사실을 바탕으로 미래의 전망을 모색하는 리얼리즘과는 다른 방법으로 세계를 그려 낸다. 리얼리즘은 현실이 아무리 암울해도 어둠 안에서 빛의 흔적을 찾는다. 반면 리얼리즘의 한 갈래라 할 전율주의는 짙은 어둠과 냉기만이 감도는 지독한 현실을, 탈출구나 해법이 전혀 보이지 않는 암담한 세계를 카메라에 담듯이 그대로 묘사한다.

스페인 내전기에 프랑코 반란군에 가담해 공화파에 맞선 전력이 말하듯 작가는 보수적인 성향의 인물이다. 하지만 그의 작품은 "비도덕적이고 포르노 같으며 불경하다."라는 이유로 프랑코 정권을 검열을 통과하지 못했다. 스페인 사회에 대한 통렬한 비판이 담겼기 때문이다. 작가 정신이 정치성향에 우선한 흥미로운 사례로 "소설이 아니라 역사 그 자체"라는 평가를 받았다.

Part 6

라틴아메리카
아프리카
호주

백년의 고독

가브리엘 가르시아 마르케스(1927~2014년, 콜롬비아 · 1982년 수상)

콜롬비아의 대서양 쪽 작은 도시인 아라까따까에서 태어나 어려서 외조부모 아래서 자랐다. 그의 부모가 직업을 찾아 인근 대도시 바랑키야로 이주하며 어린 마르케스를 그들에게 맡겼고 외조부모는 어린 마르케스의 정신세계에 큰 영향을 미친다. 외할머니는 미신과 민담 등을 많이 들려주어 그의 상상력을 키워줬고, 외할아버지는 콜롬비아 내전에서 활약한 퇴역 대령으로 훗날 〈아무도 대령에게 편지하지 않다〉의 소재가 됐다. 정치 역사 명예 배신 등에 관한 개념을 배웠다. 자연스럽게 아라까따까는 〈백년의 고독〉의 무대가 된다.

청소년기는 부모와 합류하여 바랑키야에서 성장했고, 법학 전공으로 콜롬비아 대학에 입학했으나 정치적 혼란 속에서 대학을 중퇴하고 자유파 신문인 〈엘 에스펙타도르〉에서 기자 생활을 시작한다. 로마 특파원으로 본국의 정치적 부패를 비판하는 글을 쓴 것을 계기로 유럽 멕시코 등지로 떠돌며 사실상 유배 상태에 처한다. 쿠바혁명 후에는 쿠바 언론사 소속으로 특파원 생활을 이어갔다. 생애 대부분을 콜롬비아가 아닌 멕시코시티 유럽 등 해외에서 보냈다. 초반은 고향에서 강한 토속성과 함께 하고 어른이 된 이후론 세계를 떠돌며 산 인생이었다.

〈백년의 고독〉은 100년에 걸친 부엔디아 가문의 역사를 신화적 요소와 환상적 묘사를 결합하여 다룬다. 여러 세대에 걸친 이야기인데다 가문 구성원의 이름이 나중 세대에 다시 사용되기에 헷갈리기 쉽다.

시작은 우르술라와 호세 아르카디오 부엔디아 부부. 이 둘은 사촌간으로 둘 사이의 근친상간으로 돼지꼬리가 달린 자식이 태어날 것이라는 예언에 따라, 새로운 도시를 세우기 위해 고향을 떠난다. 부부가 40명의 고향 젊은이와 함께 건설한 마을이 마콘도다. 이곳에서 7대에 걸친 부엔디아 가문의 흥망성쇠가 펼쳐진다. 고독이 핵심 주제라면 근친상간은 주요 소재다. 근친상간에는 신화적인 성격과 라틴아메리카의 운명에 관한 상징이 담겼다.

세대를 이어가며 지속되는 비극은 가문에 태어나는 아이에게 '아르카디오(Arcadio)'와 '아우렐리아노(Aureliano)'라는 이름을 반복해 사용하는 것과 연관된다. 예언서에 적힌 대로 부엔디아 가문은 고독 속에서 멸망한다.

100년에 걸쳐 매력적이고 흥미로운 인물이 많이 등장하지만, 가장 뼈대가 되는 사람은 부엔디아 성을 갖지 않은 호세 아르카디오의 아내 우르술라다. 마콘도의 이브 같은 존재다.

남편이 실험에 미쳐서 가산을 탕진하고 차남 아우렐리아노 대령이 전쟁을 벌이는 와중에 동물 모양 과자를 만들어 팔아 식구들을 먹여 살린다. 억척같은 생활력과 함께 인간미를 갖춰 남을 많이 배려한다. 가족의 잘못을 막으려고 사방으로 뛰어다니며 애를 쓰나 뜻대로 되지 않는다. 예컨대 양딸인 레베카의 결혼을 뒤로 미뤘다가, 그녀가 장남인 호세 아르카디오와 눈이 맞아 달아나는 사태를 방조한다. 이 집안에서 가장 장수한 인물로, 무려 현손자의 탄생까지 보고 쪼그라들어 죽는다.

아우렐리아노 대령은 태어났을 때 울지 않는 등 초인적인 면모를 가진 인물이다. 타인과 관계를 맺는 데에 서툴다. 금물고기 세공에 취미가 있다. 아내의 이른 죽음 이후 차가운 사람으로 변했고 참전 이후 더 냉혹한 면모를 드러낸다. 수많은 전투에 참여해 각지에서 17명이나 되는 자식을 낳는다. 부엔디아 가문에서 가장 출세한 사람이다. 작가가 자신의 외할아버지를 모델로 해 창조했다고 한다. 말년엔 방에 틀어박혀 금물고기를 만들며 시간을 보낸다. 금물고기를 팔아 금화로 바꾸고, 금화를 녹여 금물고기로 바꾸는 시지포스의 형벌 같은 일을 한다. 가문의 다른 사람들과 비슷한 말로를 맞는다. 아버지가 죽은 밤나무 아래에서 고독하게 죽는다.

〈백년의 고독〉은 전 세계 수십 개국에서 번역 출판돼 2000만 명 이상의 독자를 사로잡은 라틴아메리카를 대표하는 소설. 작가는 '마술적 사실주의의 창시자'로 불리며 세계문학에서 확고한 위치를 차지한다.

1960~1970년대 작가들이 국제적인 성공을 거두며 라틴아메리카 문학이 세계적으로 '폭발적인 인기'를 얻게 된 시기를 '붐(Boom) 세대'라고 하는데, 카를로스 푸엔테스, 마리오 바르가스 요사, 보르헤스 등과 함께 '붐 세대' 대표 작가다. 23년을 구상하고 18개월에 걸쳐 집필한 〈백년의 고독〉이 1967년 출간되었을 때 전세계 독자들은 즉각적이고 열렬하게 반응하였다. 작가는 이 작품으로 당시 말해지던 '소설의 죽음'에 결정적인 일격을 가한다. 국내에도 널리 알려진 체코의 세계적인 소설가 밀란 쿤데라는 "소설의 종말에 대해 말하는 것은 서구 작가들, 특히 프랑스인들의 기우에 지나지 않을 따름이다. 이런 말을 한다는 것은 동유럽이나 라틴아메리카 작가들에게는 어불성설이나 다름없다. 책꽂이에 가브리엘 가르시아 마르케스의 〈백년의 고독〉을 꽂아 놓고 어떻게 소설의 죽음을 말할 수 있단 말인가?"라고 말했다. 소설의 소생과 마르케스를 직접 연결지어 평가한 셈이다.

생각거리
- 소설이 현실을 표현할 때 '마술적 사실주의'가 어떤 강점을 지닐까?
- 가문의 마지막 인물에 '바빌로니아'란 이름을 쓴 이유는 무엇일까?

라틴아메리카의 비극적 역사와 역사 속 인간의 조건을 개별적인 관점과 전체적인 관점을 동시에 갖추면서 파악했다. 여기에 유머에 녹여 넣으면서 신화와 민담이 풍성하게 우러나게 해 무엇보다 소설이란 게 읽을 만한 것이 되도록 했다는 평가를 받았다.

소설에서 마콘도는 에덴동산처럼 고립된 이상향이었고 어쩌다가 집시들의 방문할 뿐이었다. 그러나 마콘도의 고립은 금세 깨져 시장의 등장, 내전, 철도 건설, 미국인의 바나나 농장 건설 등 문명사회와 접촉하며 탈고립의 사건들로 비화한다. 근대화와 신식민지라는 중남미의 정치 및 사회 상황의 문학적 반영이다. 〈백년의 고독〉이 신화와 민담, 환상을 적극적으로 도입하고 비현실적 전개를 통해 사실주의를 넘어섰다는 평가를 받지만, 주제 의식에서는 현실을 냉철하게 들여다보고 있음을 알 수 있다.

결말에 '돼지 꼬리를 가진 아이'가 근친상간을 통해 태어나며 예언이 실현된다. 이 아이는 태어난 지 얼마 지나지 않아 개미 떼에 죽임을 당한다. 이 아이의 아버지이자 7대를 이어온 부엔디아 가문의 마지막 인물의 이름이 '아우렐리아노 바빌로니아'다. 구약성서의 제국과 유다왕국의 멸망 등과 연관된다.

철의 시대

J. M. 쿳시(1940년~, 남아프리카공화국 · 2003년 수상)

남아프리카공화국 케이프타운에서 태어났다. 케이프타운대학을 졸업하고 잠시 영국에서 컴퓨터프로그래머로 일하다가 1965년 미국으로 건너가 오스틴 텍사스 대학에서 언어학 박사학위를 받았다. 1968년부터 약 3년여 뉴욕주립대학 등에서 영문학을 강의하며 소설을 쓰기 시작했다. 존스홉킨스, 하버드, 스탠퍼드, 시카고 대학에서도 강의했다. 베트남전 반대 시위에 참여했다가 미국 영주권이 기각돼 1972년 귀국했다. 2001년까지 케이프타운대학 영문과 교수로 재직했다. 이후 오스트레일리아로 이주해 애들레이드대학에서 문학을 강의하고 있다. 동물보호단체에서도 활동한다.

1974년 〈어둠의 땅〉을 발표하며 소설가로 데뷔한 쿳시는 두번째 소설 〈나라의 심장부에서〉로 남아프리카 최고의 문학상인 CNA상을 받았고, 〈야만인을 기다리며〉로 세계적인 작가로 발돋움했다. 〈마이클K〉와 〈추락〉으로 한 작가에게 두 번 주지 않는다는 전례를 깨고 사상 처음으로 부커상을 두 차례 수상했다. 왕성한 저술과 연구로 많은 상을 받았다. 남아공의 아파르트헤이트를 천착한 아프리카인 백인 작가로 유명하다.

남아프리카에서 아파르트헤이트가 여전히 기승을 부리던 시절, 주인공인 커런 부인은 퇴직한 고전문학 교수다. 그곳에서 백인으로서 혜택받은 삶을 살았다고 생각한다. 소설은 자신의 집에 맞닿은 골목길에서 떠돌이 노숙자를 발견하며 시작한다. "그는 입을 쩍 벌리고 꼭두각시처럼 다리를 쭉 뻗은 채 종이박스 안에서 자고 있었다. 그의 주변에서는 고약한 냄새가 났다. 지린내, 싸구려 포도주 냄새, 옷에서 나는 곰팡내, 그리고 다른 냄새도 섞여 있었다. 불결했다."

그는 하고많은 날 중에서 하필이면 그날 커런을 찾아온 손님이다. 이날은 커런이 암으로 시한부 선고를 받은 날이다. 남은 분초가 아까운 처지로 세상을 사랑하고 아름다운 산과 바다의 모습을 시야에 새기며 인생의 마지막을 보내길 원하지만, 아파르트헤이트의 참상은 그녀를 절망과 분노와 죄의식에 몰아넣는다.

침실 발코니에서는 흑인 거주지역인 케이프 플래츠에서 치솟는 연기가 보인다. 봉기의 흔적이다. 흑인 가정부 플로렌스의 아들 베키가 그 와중에 죽고, 집안에 숨겨준 베키의 친구 존은 경찰의 총격을 받고 숨진다. 사실상 내전 상황이다. 커런은 자신의 집안에서 발견된 권총이 어디서 났는지 묻는 경찰관에게 "무기 없는 사람이 살 수 있는 세상이던가요?" 하고 반문한다. 인종 간 대치가 심각해지며 폭력은 점점 더 끔찍해진다.

흑인 거주지역의 학교들은 문을 닫았고, 경찰은 아이들을 뒤쫓고 마구잡이로 공격한다. 베키는 "학교가 뭐하는 곳인데요? 그곳은 우리를 아파르트헤이트 체제에 맞추는 곳이에요."라고 말한다. 커런은 이 아이들이 철로 된 듯하다고 생각한다.

서서히 죽음에 가까워지는 커런 곁에는 그녀의 집에 마음대로 들어와 사는 노숙자 퍼케일과 그의 개가 있을 뿐이다. 커런은 "사랑스럽지 않은 것을 사랑해야 한다."라고 생각한다. 온갖 고약한 냄새를 풍기는 퍼케일을! "나는 퍼케일을 신뢰

하지 않기 때문에 퍼케일을 신뢰한다. 나는 그를 사랑하지 않기 때문에 그를 사랑한다. 그가 약한 갈대이기 때문에 나는 그에게 기댄다."

아파르트헤이트에서 직접 잔혹한 범죄를 저지르지 않았어도 삶 자체로 책임을 느껴야 한다고 믿는 작가의 생각이 우화처럼 커런에 반영된다. 죽음을 앞두고 꽃다운 나이의 흑인 아이들을 먼저 떠나보내며 그녀가 할 수 있는 속죄다. "그가 내 곁으로 들어왔다. 처음으로, 나는 아무 냄새도 맡지 못했다." 그러나 한쪽에서 일방적으로 행하는 그저 속죄는 아니다. 철의 시대에 흑과 백의 영혼이 화해한다.

퇴직 교수인 커런이 멀리 미국으로 이주해 사는 하나뿐인 딸에게 쓴 편지 형식으로 구성된 이 소설에는 아파르트헤이트에 대한 수치심이 넘쳐난다. 커런은 백인이고, 그 사실 하나만으로 책임에서 벗어날 수 없기 때문이다. "우리는 이 사람들이 쓰레기라도 되는 것처럼 이들에게 총을 쏜다. 그러나 결국, 삶을 살 가치가 없는 건 우리다."는 커런의 말은 작가의 말이고 작가에게도 해당하는 죄의식이다.

쿳시는 백인으로서 남아공 사회에서 자신이 누린 기득권의 의미를 뼈저리게 자각한 사람이다. 백인이기에 백인의 양심과 용기를 문학으로 표현하는 것에도 조심스러워 한다. 쿳시는 〈철의 시대〉에서 퍼케일, 존, 플로렌스, 베키 등 아파르트헤이트에서 억압받은 흑인에게 초점을 맞춘다. 반면 백인을 조명할 때는 내면의 모순을 보여준다. 작가의 강한 결벽증은, 흑인 서사를 백인 작가가 담당하는 데에 있음 직한 값싼 감상을 아예 배격한다. 딸에게 부탁한다. 만약 자신의 편지에 거짓말과 애원과 핑계가 들어가 있다면, 그걸 쉽게 용서하지 말라고. 이 모든 것을 차가운 눈으로 읽어달라고.

"내게 공감하며 읽지 마라. 너의 가슴이 내 가슴과 함께 고동치지 못 하게 해라."

남아프리카 문학의 거장 네이딘 고디머는 쿳시를 가리켜 "종달새처럼 솟구쳐 독수리처럼 내려다보는 상상력을 지닌 작가"라고 평가했다. "현재 생존해 있는 영어권 소설가 중 두말할 필요 없이 가장 유명하며 수상 이력이 많은 소설가"라는 그의 작품 중 〈철의 시대〉는 남아공의 아파르트헤이트에 대한 분노가 가장 강렬하고 직접적으로 드러난 작품이다.

소설 제목인 '철의 시대'는 인간이 철로 된 무기를 들고 서로를 겨누는 폭력의 시대를 의미한다. "철의 시대. 그다음에 오는 청동의 시대. 그러한 순환주기에서, 점토의 시대, 흙의 시대 같은 더 부드러운 시대가 돌아올 때까지 얼마나 오래, 얼마나 오래 걸릴까?"라는 커런의 말에서 아프리카인으로서 작가의 염원을 엿볼 수 있다.

소설에서 커런은 현재 처한 상태인 추한 모습으로 죽고 싶지 않다. 그녀는 구원을 갈망한다. 그녀에게 구원이 가능할까. 주의할 점은, 커런이 퍼케일과 맺는 관계를 속죄를 위한 일방적 시혜로 보는 생각은 위험하다. 속죄는 값싼 것이 아니니까.

나는 훌리아 아주머니와 결혼했다

마리오 바르가스 요사(1936년~, 페루/스페인 · 2010년 수상)

페루에서 태어나 2세 때 외교관인 할아버지를 따라 볼리비아로 갔다. 9세 때 귀국하여 수도원 부설학교에서 소년 시절을 보냈다. 리마의 산 마르코스 대학에서 문학과 법학을 공부했고, 스페인의 마드리드 대학에서 가브리엘 가르시아 마르케스에 관한 논문으로 박사학위를 받았다. 1959년 프랑스로 건너가 AFP통신 기자와 텔레비전 방송 캐스터 등으로 일했다.

정치에 적극적으로 참여해 중도우파 후보로 1990년 페루 대통령 선거에 출마했다가 알베르토 후지모리에게 패했고, 낙선한 충격으로 1993년 스페인 국적을 취득해 논란이 됐다.

1994년 스페인어권에서 가장 권위 있는 문학상인 세르반테스상을 수상했고, 옥스퍼드, 예일, 하버드 등 세계 여러 대학에서 명예박사 학위를 받았다. 2005년 미국의 '포린 폴리시'와 영국의 '프로스펙스'가 '가장 영향력 있는 지식인 100명'으로 뽑았다.

청년 시절에는 피델 카스트로의 쿠바 혁명을 열렬히 지지했지만 이후 자유시장주의자로 전향했다. 주요 작품으로 〈판탈레온과 특별봉사대〉(1973년), 〈나는 훌리아 아주머니와 결혼했다〉(1977년), 〈세상 종말 전쟁〉(1981년), 〈염소의 축제〉(2000년)가 있다.

18살이나 먹은 남자 마리오와 32살밖에 안 된 여자 훌리아의 사랑 이야기를 그린 소설. 첫 만남은 긍정적이지 않았다. 삼촌의 처제로 볼리비아에서 이혼한 훌리아는 새 남편을 찾아서 페루에 돌아왔다. 마리오를 본 훌리아는 "네가 얼마 전에 고등학교를 졸업한 그애 맞지?"라고 말하며 마리오의 뺨에 입을 쪽 맞춘다. 이어 "넌 아직 품에 안긴 갓난애처럼 보인다."라고 말해 마리오의 기분을 상하게 한다. 마리오는 훌리아가 싫어졌다.

그러나 제목이 말하듯 그들은 사랑하게 된다. "그녀의 나이가 궁금해지기 시작했다."라는 언급은 관계 변화의 씨앗이 뿌려졌음을 뜻한다. 청년 마리오가 자신의 열정을 고백하며 훌리아는 서서히 아주머니에서 연인으로 바뀐다.

주변에서 지지받을 만한 사랑과 결혼이 아니라고 서둘러 비극적 전개를 예상하면 안 된다. 나이트클럽에서 삼촌에게 연애의 꼬리가 밟히는 모습이나 부모 동의 없이 결혼이 가능한 곳을 찾아 이 마을 저 마을을 헤매는 장면 등이 재미와 웃음을 준다. 작가의 능수능란한 글쓰기 때문이다. "다시 얘기하지만 너 작가가 되었다가는 가난에 찌들게 돼. 그건 네가 평생 아주 비참하게 살아야 한다는 뜻이야."라고 훌리아가 말하는 대목은 작가 청년기의 회상이다. 이 작품은 실제로 자전적 소설이다. 특별한 연애 이야기를 비롯해 문학청년이 작가가 되기를 결심하고 애쓰는 과정 등이 작가의 체험을 반영했다.

마리오와 훌리아가 결혼에 성공하기까지 우여곡절을 겪을 수밖에 없다. 마리오가 젊고, 학생 신분이며, 훌리아가 이혼 경력이 있는 32세의 여성이기에 마리오의 부모는 이 결혼에 결사반대. 훌리아와 마리오가 먼 친척 사이인 것도 문제다.

1950년대 페루에서는 이혼한 여성에 대한 편견이 있었고, 여자가 남자보다 14살이나 많은 관계는 사회적으로 호기심의 대상이 되고 나아가 구설에 오르게 된다. 대학생이자 라디오 방송국에서 아르바이트를 하며 작가의 꿈을 키우는 마리오가 경제적으로 독립하지 못한 상태라는 것 또한 결혼을 반대하는 중요한 이유가 됐다. 그럼에도 두 사람은 몰래 결혼식을 올리려 하지만, 행정적인 문제와 가족의 방해로 여러 차례 실패한다. 시간이 지나며 가족이 두 사람의 사랑을 받아들인다.

사랑 이야기에, 마리오가 일하는 라디오 방송국에서 드라마 작가인 페드로 까마초의 이야기가 섞어든다. 까마초가 점차 현실과 허구를 혼동하며 여러 소동을 일으킨다. 마리오의 일과 직장 생활, 결혼 준비에 적잖은 영향을 미친다.

1950년대 페루의 수도 리마를 배경으로, 대학생 청년과 이혼한 친척 아주머니 사이의 좌충우돌 로맨스를 중심으로 이야기가 전개된다. 연애소설이자, 자전소설, 성장소설이다.

두 사람의 만남과 사랑은 소설이나 영화 혹은 현실에서 일어날 수 있는 사건에 속한다. 다만 사랑을 넘어 결혼을 모색하며 상황이 복잡해진다. 둘은 집안의 반대를 무릅쓰고 결혼을 몰래 하려고 든다. 사랑이 두 사람 사이의 사적인 사건이라면 결혼은 가족 등 주변이 개입한 사회적이고 제도적인 현상이기에 이런 남녀의 결혼은 가족과 사회의 시선 때문에 여러 지장을 불러올 수밖에 없다.

사회적 규범을 내세워 반대하는 가족에 맞서 사랑을 쟁취하는 두 주인공의 이야기는 주제나 소재보다 이야기를 풀어가는 작가의 재능 때문에 더 읽을 만한 것이 된다. 마리오와 훌리아의 관계는 단순히 연애에 머물지 않고 사회적이고 관습적인 장애물을 넘어서는 과정인데, 그 과정을 그리는 데 있어 사실적인 표현, 빠른 전개, 기발한 상상력, 정교한 구성에다 유머와 위트를 더했기에 독자가 끝까지 책을 놓을 수 없게 만든다.

생각거리

- 소설 속의 소설, 즉 이른바 액자소설이 활용되는 이유는 무엇인가?
- 소설의 이 결혼은 금방은 아니지만 이혼으로 귀결한다. 사랑과 결혼의 방정식을 고민해 보자.

인기 라디오 드라마 작가 페드로 까마초를 중심으로 한 병행 스토리는 마리오와 훌리아의 로맨스와 별개이지만 두 스토리가 잘 맞물려 소설 전체의 재미를 키운다. 황당하지만 결코 개연성이 떨어지지 않는 상황에 해학과 익살이 묻어난다. 독자가 책을 읽으며 폭소를 터뜨리는 모습이 얼마든지 가능하지 싶다. 이러한 웃음은 기발한 착상과 꼼꼼하게 계산된 구성력 때문이다. 중구난방으로 마구 흐트러진 것처럼 보이는 사태는 실제 그런 게 아니라 그렇게 보이게끔 한 소설적 장치였음이 밝혀진다.

타임지는 "천재적이고 기발한 사건의 반전이 독자들을 매혹적인 재미의 세계로 이끈다. 깊은 곳까지 내려가고자 하는 이들에게 진중하고 묵직한 관점을 보여주는 독특한 소설"이라고 평가했다.

소설은 마지막 장에서 야단법석 연애의 뒷이야기를 전한다. "훌리아와 결혼생활은 참으로 행복했고 모든 친척과 그녀 자신이 염려했거나 원했거나 예견했던 것보다 좀 더 오래. 그러니까 8년 동안 지속되었다. 또 그 기간에 내 노력과 그녀의 열성적인 도움에 상당한 행운이 덧보태져 다른 예측들(꿈, 소망)도 실현되었다. 우리는 파리로 옮겨가 유명한 다락방에서 살게 되었고, 다행인지 불행인지 나는 작가가 되어 몇 권의 책을 내놓았다."

46

낙원

압둘라자크 구르나(1948년~, 탄자니아 · 2021년 수상)

영국 보호령 잔지바르섬에서 케냐와 예멘 출신 부모 사이에서 태어났다. 잔지바르섬을 포함하는 새로운 국가 탄자니아가 출범하며 이슬람을 박해하자 1968년 잔지바르를 떠나 학생비자로 영국에 도착했다. 아프리카인 무슬림 난민 삶의 시작이다.

1968년 캔터베리 크라이스트처치 칼리지에 입학했으며, 이듬해부터 영어로 소설 습작을 시작했다. 1982년 켄트대학교에서 박사 학위를 받았다. 1980년부터 나이지리아 바예로 대학교에서 강의하다가 1983년 켄트대학교 영문학 및 탈식민주의문학 교수로 부임해 2017년 퇴임하기까지 34년을 재직했다. 2006년 영국 왕립문학회 펠로에 추대되었고 2016년에는 부커상 심사위원에 위촉되었다.

1987년 〈떠남의 기억〉을 시작으로 〈순례자의 길〉〈낙원〉〈바닷가에서〉〈그후의 삶〉 등 10편의 장편소설을 출간했다. 〈낙원〉과 〈바닷가에서〉는 부커상 최종 후보에 올랐다. 1984년 아버지의 임종을 지키기 위해 17년 만에 잔지바르를 다시 찾았다. 그의 가족과 친지는 여전히 탄자니아에 산다. 떠나온 고향에 대해 작가는 "나는 그곳에서 떠나왔지만, 마음속에서는 그곳에 산다."고 말했다.

독일인들이 아프리카 내륙의 고지대로 가는 철도 건설을 위한 기지로 삼으며 한 때 흥청거렸던 곳. 주인공인 유수프의 고향이다. 좋은 날이 가고, 지금은 목재와 물을 실으려는 기차가 멈춰 설 뿐이다. 유수프의 아버지는 침대방 4개를 갖춘 허름한 호텔을 운영한다. 그러나 생계를 꾸려가기가 힘들다. 소설은 다음과 같이 시작한다.

> *"소년 먼저. 그의 이름은 유수프였다. 그는 열두 살 때 갑자기 집을 떠났다. 그는 그때를 하루하루가 전날과 똑같은 가뭄철이었다고 기억했다. 예상치 않은 꽃들이 피었다가 죽었다. 이상한 벌레들이 돌 밑에서 종종걸음으로 나와 뜨거운 햇빛 속에서 몸부림치다가 죽었다. 태양은 멀리 있는 나무들이 대기 속에서 떨게 만들었고 집들이 부르르하며 숨을 헐떡이게 만들었다."*

12살 유수프는 어느 날 갑자기, 이따금 손님으로 찾아오는 아지즈 '아저씨'를 따라 집을 나선다. 아지즈에게 진 빚을 갚지 못하자 아버지는 빚 대신 유수프를 그에게 딸려 보낸 것이다.

아지즈의 저택에서 그는 시키는 일을 했다. 그곳에는 유수프처럼 팔려 온 몇 살 나이가 많은 칼릴이 있고 그가 유수프를 가르치고 보살핀다. 아지즈가 긴 카라반 여행을 떠나고 유수프는 새로운 삶에 적응하며 글을 읽는 법을 배운다. 잡일을 하며 저택 정원에서 자라는 나무와 관목을 가꾼다. 술탄국으로 떠나는 다음 카라반 여행에 아지즈는 유수프를 데려간다. 여행 중에 원정대가 위험에 처하지만, 유수프가 능력을 발휘해 위험에서 벗어나고 이 일로 아지즈의 신임을 받는다.

다음 카라반 여행에 유수프는 칼릴과 함께 집에 남아 잡일을 하며 보낸다. 칼릴과 더 많은 시간을 보내 서로 친해진다. 그러다가 아지즈의 아내를 사랑하게 된다. 아지즈의 첫 아내는 그대로 살아있고 지난해 결혼한 새 아내는 칼릴의 여동생이다. 그의 아내들은 아름다운 정원으로 둘러싸인 내실에서 산다. 유수프와 칼릴의 여동생은 정원에서 가끔 마주치며 서로에 대한 마음을 키워간다.

유수프는 아지즈의 어린 아내를 데리고 어딘가로 가고 싶다고 생각한다. 아지즈가 칼릴의 여동생과 결혼한 것은 잘못이라고 그를 능욕한 것이라고 생각한다. 아지즈가 여행에서 돌아와, 유수프의 아버지가 죽었고 어머니는 어디론가 떠났다고 전한다. 영국과 독일의 전쟁이 심해지며 이제 다음 카라반 여행은 기약할 수 없게 된다. 독일군이 그들의 마을에 진주하고 그들이 정원 문을 열고 저택에 침입한다. 유수프는 이제 어떻게 해야 할까.

작가의 국적이 탄자니아로 돼 있지만, 정확하게는 잔지바르다. 현재 탄자니아의 자치령인 잔지바르는 페르시아어로 '검은 해안'을 뜻하는 제도다. 페르시아어가 명칭으로 살아남은 데서 알 수 있듯이 이곳은 이슬람 전통이 강하다. 아프리카·아라비아·인도를 연결하는 무역거점이자 세 문화가 교차하는 이른바 '혼종'의 지역이었다. 이러한 요충지의 특성으로 역사 또한 평탄하지 않았다.

포르투갈 식민지, 오만 제국의 속국을 거쳐 영국 보호령이었다가 1963년 12월 술탄을 지도자로 하는 독립 군주국이 되었으나 불과 한 달 만인 1964년 1월 잔지바르 혁명이 일어나 이슬람 군주정이 무너졌다. 혁명을 주도한 세력은 탕가니카와 합병을 추진해 같은 해 10월 새로운 국가 탄자니아가 수립되며 편입된다. 혁명 과정에서 아랍계 엘리트 계층 및 이슬람에 대한 박해가 심했다. 작가가 잔지바르를 떠나 영국으로 가는 계기다.

난민은 작가 정체성의 근본이자 고유성이다. 고향을 잃고 이리저리 떠돌아다니는 사람에 대한 연민이 작품의 바탕을 이룬다. 아프리카인이면서 무슬림으로 겪는 이중의 소외 또한 작품에 반영됐다. 특히 기독교와 백인이 중심인 영국에서는 난민·아프리

- '낙원'은 어디인가?
- 난민이면서 아프리카인 · 무슬림이란 삼중의 소외와 차별을 상상해 보자.

카인 · 무슬림이란 삼중의 소외와 겹겹의 차별을 겪었다.

소설 〈낙원〉에서 향기로운 꽃과 아름다운 관목이 자라는 잘 관리된 정원은 낙원을 닮았다. 그러나 진짜 낙원은 아니다. 1차 세계대전 직전 시기에 인도양에 면한 아프리카 스와힐리 해안에서 탕가니카 호수와 콩고를 거쳐 그 너머의 깊숙한 내륙까지 들어갔다 나오는 카라반 여행이 소설의 핵심 소재다. 12살 소년 유수프가 17살로 성장하기까지 버려짐을 극복하고 자신의 삶을 주체적으로 인식하게 되는 성장을 그렸다.

식민주의와 제국주의가 거의 모든 곳에 짙은 그림자를 드리운다. 소설은 그림자의 본체를 그리기보다 그림자 안에 갇힌 제국주의 식민지 민중의 모습에 주목한다. "식민주의의 영향과 대륙 간 문화 간 격차 속에서 난민이 처한 운명을 타협 없이, 연민 어린 시선으로 통찰"(노벨문학상 선정 이유)하면서 소년 유수프의 성장을 통해 절망을 너무 절망스럽게 않게 또 희망을 너무 과장되지 않게 드러낸다.

미라마르

나기브 마흐푸즈(1911~2006년, 이집트 · 1988년 수상)

아랍어로 글을 쓰는 작가 중 최초로 노벨문학상을 받았다. 카이로 이슬람 중산층 가정에서 7남매 중 막내로 태어났다. 탐정 소설, 역사 소설, 모험 소설의 열혈 독자였고, 중고등학교 재학 중엔 혁신적인 아랍 소설가들의 작품을 즐겨 읽었다. 초등학교 시절부터 글을 썼다.

1939년 공무원으로 일하기 시작한 뒤 역사 소설, 사실주의 소설, 알레고리 소설 등 다양한 작품을 꾸준히 발표했고, 1952년 자유장교단 혁명 이후에도 논란이 될 작품을 계속 집필했다. 이란의 호메이니가 '악마의 시'에 이슬람 모독죄를 적용하여 작가인 살만 루슈디에게 사형을 선고하자 공개적으로 반대했다. 이러한 반체제 성향 때문인지 1994년 이슬람 근본주의자 테러리스트들에게 칼로 목을 찔렸고 이때 오른손에도 영구 신경 손상을 입었다. 이 일로 죽을 때까지 경호원의 보호를 받아야 했다. 단 세 차례 짧은 여행을 빼고는 평생 이집트 땅을 떠나지 않았다.

작가의 문학세계를 대표한다고 할 〈게벨라위의 아이들〉(국내 번역본 〈우리 동네 아이들〉)은 1959년에 발표됐으나 신성모독이란 이유로 출판 · 판매가 금지됐다가 2006년에야 금지가 풀렸다.

노년의 아메르 와그디가 알렉산드리아에 도착한다. 전직 기자로 민족주의자다. 그가 찾은 곳은 '미라마르 펜션'이다. 주인 마리아나는 그리스인으로, 20여 년 전에 그곳을 찾은 아메르를 기억한다. 아내도 가족도 없는 그가 '미라마르'에 머물려고 온 것이다.

그곳의 투숙객은 아메르 와그디 외에 대지주이자 정부 고위 관료였으나 혁명으로 재산을 몰수당한 톨바 마르주끄, 혁명 이후의 세상에 적응하지 못하는 지방 유지 호스니 알람, 사회주의 조직에서 활동하다가 고위 경찰인 형의 만류로 조직을 벗어난 만수르 바히, 새로운 정권에서 정치적 입신을 꿈꾸는 기회주의자 사르한 알베헤이리 등이 있다. 여기에 시골 출신의 아름다운 여인 조라가 '미라마르'에 합류해 마리아나의 일을 돕는다.

이 책은 5장으로 구성됐다. 첫 화자인 아메르가 마지막 장의 화자로 다시 나서니 화자는 모두 4명이다. 1967년 발표한 이 소설에서 1952년 나세르가 이끈 자유장교단 혁명 이후 이집트의 사회상과 사회계층의 부침을 보여준다. 한때 민족주의 성향의 진보적인 기자로 이름을 날렸으나 이제 은퇴해 세상을 관조하는 아메르, 사회주의 세상을 꿈꾸며 혁명 조직에서 열렬히 활동하다가 배신자로 전락한 만수르, 황금만능주의에 포로가 돼 벗어나지 못하는 호스니, 사랑에도 정치에도 이익을 챙기려 들고 이곳저곳에 발을 담근 채 기회를 엿보다 불행한 결말을 맞이하는 사르한이 얽히며 이야기를 풀어간다.

조라는 '미라마르'에서 부대끼는 사람들의 중심점 역할을 한다. 또한 조라를 둘러싼 긴장과 대립이 고조되다가 마침내 살인 사건까지 일어난다. 이 인물들이 펜션에 입주하고, 살인 사건이 발생하기까지 네 명 화자의 목소리로 사건의 진실과 배경으로 드리운 혁명 이후 이집트 사회의 그늘을 짚어본다.

만수르가 범행을 자백함에 따라 살인 사건의 범인이 밝혀진다. 그러나 검시 결과 손목 절단에 의한 자살임이 밝혀지며 정말 살인이었는지, 범행 동기가 무엇이었는지 미궁에 빠진다. 등장인물들이 펜션이라는 좁은 공간에서 겨울 한 철을 보내는 동안 이집트 사회의 어두운 실상이 자연스럽게 드러난다.

마지막에 조라는 와그디를 찾아와 '미라마르'를 떠날 계획을 밝힌다. 떠나는 조라를 와그디가 만류하지만 조라는 결심을 바꾸지 않는다. 와그디는 조라를 축복한다. "네가 여기 와서 시간을 낭비한 게 아니라는 사실을 기억하렴. 너에게 무엇이 나쁜 건지 알게 되었잖니. 그러면 그 모든 일이 너에게 진정으로 좋은 것이 무엇인지 발견하는 신비로운 과정이었다고 생각할 수도 있겠지."

마흐푸즈는 70년의 작가생활 동안 소설 34편을 냈고 단편 350편 이상, 희곡 5편을 남겼다. 작품 중 상당수가 아랍권에서 영화로 만들어졌다.

솔직하고 명료하게 자신의 사상을 글로 옮긴 작가였다는 평을 받는다. 사회주의, 공산주의, 동성애 등 사회적인 주제를 피하지 않았지만, 그의 근본 관심사는 신이었다. 〈미라마르〉가 전자에 해당하는 책이고 노벨문학상을 받는 데 영향을 준 〈게벨라위의 아이들〉은 후자에 해당한다. 이집트를 포함해 아랍 세계에서 신(알라)을 논하는 것은 일반적으로 금기였으나 마흐푸즈는 개의치 않고 작품에 녹여내었다.

〈게벨라위의 아이들〉은 아브라함계 종교로 분류되는 유대교 · 기독교 · 이슬람교의 세계관을 다루고 있다. 작가의 노벨문학상 수상에 직접적으로 기여한 이 책은, 1959년에 발표하고 곧바로 출판 · 판매가 금지되었고 그 상태로 수십 년이 지난 1994년에 테러를 당하는 이유가 되기도 했다. 사회성이 강한 작가의 다른 작품 또한 이집트 당국으로부터 금지처분을 받는가 하면 이집트와 이스라엘의 평화협정을 지지했다가 곤경에 처하기도 했다. 행동하는 지식인이자, 작품으로 행동하는 작가였다.

- '조라'라는 인물이 희망을 상징하는 근거를 찾아보자.
- 각각의 1인칭 화자만으로 소설을 구성하면 어떤 장점과 단점이 있을까?

작가의 대표작 중 하나인 〈미라마르〉는 알렉산드리아의 한 공간을 매개로 이집트의 현실을 흥분하지 않으면서도 깊이 분석한 소설이다. 이 책에 나오는 인물은 언제나, 어느 사회에서나 흔히 목격되는 인간상이다. 독자는 소설이 그려낸 인간상에 자신을 투영하며 공감하게 된다. 또한 소설이 표현한 사회상은 다른 나라에서도 마찬가지로, 독자는 유사성을 발견하게 될 것이다.

스산하고 변덕스러운 겨울의 알렉산드리아를 배경으로, 추억에 잠긴 은퇴한 노년과 무력감에 사로잡히거나 절망한 젊은이를 화자로 내세워 1인칭만으로 구성한 데서 역사성과 함께 현대성을 엿볼 수 있는 작품이다. 지나치게 감상적이지 않으면서 대단히 사실적인 흐름은 이 소설의 장점이다. 등장인물이 작품을 끌어가는 방식은 연극을 연상시킨다. 그만큼 독자에게 몰입감을 준다는 얘기다.

"예술은 사회와 삶에 대한 비평이다. 삶이 완벽해진다면 예술은 무의미해져서 더 이상 존재하지 않을 것"이라고 작가는 말했다. 완벽하지 않은 삶을 고발하면서 작가는 희망 또한 얘기한다. 조라라는 여인은 이 소설에서 그가 새겨넣은 희망을 상징한다.

자유 국가에서

비디아다르 수라지프라사드 나이폴(1932~2018년, 영국 · 2001년 수상)

카리브해의 영국령 섬 트리니다드 토바고에서 인도계 부모 아래 태어났다. 1802년 아미앵 조약에 의해 트리니다드섬이 스페인으로부터 영국에 할양되었고, 1814년 파리 조약으로 토바고섬이 프랑스로부터 영국에 넘어왔다. 유럽인 진출 이후 이곳의 원주민은 오래전에 멸족한 상태였다. 트리니다드 정청의 해외 유학 장학생으로 1950년 영국 옥스퍼드 대학교에 입학했고 유니버시티 칼리지에서 영문학을 전공했다. 이후 BBC의 카리브 지역 프로그램을 담당하는 등 작가, 저널리스트로 활동했다. 23살에 창작을 시작하여 1957년 첫 소설 〈신비한 안마사〉를 발표했다.

1959년에 발표한 〈미겔 스트리트〉로 명성을 얻고, 1971년 〈자유 국가에서〉로 부커상을 수상했다. 1994년 영국 최고의 문학상인 데이비스 코언 상을 받았다. 나이폴은 〈콘래드의 암흑〉(1974년)을 비롯해 영문학의 거두 조지프 콘래드 관련 논문을 집필하였는데, 제3세계 출신 포스트식민주의 작가로서 지식인과 소외의 문제를 강하게 탐구하고 인간의 어두운 본성을 파헤쳤다는 측면에서 콘래드와 비교되기도 한다. 2008년에 [타임스]가 선정한 '1945년 이후의 위대한 영국 작가 50명'에 선정됐다.

소설 안에 5개의 독립된 이야기가 들어 있다. 프롤로그와 에필로그를 시작과 끝에 두고 중간에 3개 이야기를 배치했다. 프롤로그 '피레우스의 방랑자'는 그리스 아테네에서 이집트 알렉산드리아로 가는 배 여행을 그렸다. 다양한 인종이 뒤섞인 알렉산드리아행 배의 모습은 낭만적인 항해와 거리가 있다. 프롤로그의 주인공은 승객인 백인 영국인이다. 방랑자인 이 사람은 누구와도 어울리지 못한 채 비좁은 선실에 갇혀 지내다시피 하다가 별다른 이유도 없이 폭행을 당한다.

프롤로그에 이어진 두 번째 작품 '무리에서 벗어나 한 개인으로'는 작가가 책 출판 일로 상당 기간 워싱턴에 머문 경험을 바탕으로 했다. 모시던 주인을 따라 인도 뭄바이에서 워싱턴으로 건너온 산토시는 자유나 인격 없이 하인으로만 존재하다가 독립된 개인으로서 자유에 눈을 뜬다. 그러나 자유를 누릴 준비도 조건도 갖추지 못한 탓에 고립된 생활을 하며 워싱턴에서 죄수처럼 살아간다. 다시 뭄바이로 돌아가고 싶은 마음이 굴뚝 같던 그는 미국에 이미 자리잡은 다른 인도인에 고용돼 그를 주인으로 섬기며 비로소 미국 생활에 안착한다.

'누구를 죽여야 하는지 말하라'에서는 화자인 '나'의 정체가 모호하다. 장소 국적 등 사실관계와 시제 등을 불투명하게 처리하며 확실한 것은 '나'가 동생 데이요의 결혼식에 참석하러 간다는 사실뿐이다. 포스트식민시대 희생자들의 쓸쓸한 삶의 그림자가 어른거린다. 한 마리 늑대처럼 혼자 외롭게 살아온 화자의 과거는 실의와 좌절로 채워졌고 현재는 출구 없는 절망뿐이다.

전체 책 제목과 같은 '자유 국가에서'는 3인칭 관찰자 시점의 이야기로 감정이 배제된 채 객관적으로 서술된다. 작가가 객원 교수로 머물렀던 아프리카 우간다가 배경인 듯하다. 영국인 남자와 여자가 차를 몰고 남쪽으로 이동하는 줄거리로 쿠데타가 정치적 배경이다. 과거 영국의 식민지였던 아프리카 국가에 잔류한 정부 산하 기관의 행정관인 남성 바비와 유럽인 거주 구역의 행정관 아내인 여성 란다를 중심으로 이야기가 펼쳐진다. 식민시대가 끝난 만큼 이들이 누릴 특권은 없고 쿠데타 상황에서 오히려 신변의 위협을 느끼며 현지인의 눈치를 살핀다. 식민지를 벗어난 아프리카 국가의 모습을 내부자이자 이방인으로 바라보는 백인의 심리를 그렸다.

'룩소르의 서커스단'은 에필로그다. 공간은 카이로와 나일강으로 "유일하게 순수했던 시대는 태초뿐이었는지도 모른다."는 성찰로 이 이야기와 전체 소설을 마무리한다.

이 책은 소설집 같기도 하고 하나의 소설 같기도 하다. 모두 네 개의 단편과 한 개의 중편으로 이루어져 있으나 서로 연관성이 없고 줄거리가 이어지지 않는다. 네 개의 단편 중 두 개는 프롤로그와 에필로그로 배치했다.

공통된 주제나 소재를 중심으로 독립된 짧은 이야기 여러 개를 엮어내는, 즉 캐릭터와 배경만을 공유하는 이야기 형식인 옴니버스 구성이 아니다. 즉 명시적인 공유 사항이 없다. 각각의 이야기는 별개로 연속성이 전혀 없으며 서로 영향을 주고받지 않는다.

작가는 이 책에서 독자를 문학의 배에 태우고 그리스 아테네의 피레우스에서 이집트 알렉산드리아로 갔다가('피레우스의 방랑자') 인도 뭄바이에서 미국 워싱턴으로 가기도 하고('무리에서 벗어나 한 개인으로'), 제3세계의 이름 모를 (작가의 고향인 카리브해의 트리니다드로 추정되는) 시골 마을에서 영국 런던으로 가기도 하며('누구를 죽여야 하는지 말하라'), 아프리카 한 나라(우간다?)의 수도에서 남부로 차를 타고 가기도('자유 국가에서') 한다. 마지막 공간이동은 이탈리아 밀라노를 거쳐 이집트 룩소르로 간다('룩소르의 서커스단'). "문학의 배로 세계를 두루 항해하는 사람(Literary Circumnavigator)"라는 평을 듣는 작가의 특성이 그대로 반영된 공간구성이다.

- 식민주의와 포스트식민주의의 특성을 구별해보고 이 소설에서 드러난 포스트식민주의의 특성을 찾아보자.
- 각각의 이야기가 독립되어 있지만 전체로서 하나의 의미를 만들며 순환 구조를 취한 이 소설과 같은 글쓰기 형식의 의의를 생각해 보자.

프롤로그와 에필로그를 통해 이집트를 전체 여행의 출발점이자 종착점으로 설정했다. 별개인 듯한 다섯 작품이 어쨌든 하나의 순환 구조를 이룬다고 할 수 있다.

V. S. 나이폴은 포스트식민주의 문학을 대표하는 '문학적 항해자'로 불리는데, 이 작품이 전형적이다. 방랑자들과 함께 식민주의와 포스트식민주의 속 개인과 자유의 의미를 묻고 그 여정을 그려냈다. 작가 자신이 방랑자다. 나이폴의 조부는 브라만 계급 출신의 인도인으로 사탕수수농장의 노동자로 트리니다드섬에 이주했다. 작가 안에는 인도, 카리브해, 영국의 정체성이 혼재한다. 인도 이주자 집안이기 때문에 카리브적인 특성 또한 모호하다.

전 생애에 걸쳐 자유와 제3세계, (포스트)식민주의를 주제로 작품 활동에 매진하였고, "엄정하고 면밀한 시각에 통찰력 있는 내러티브를 결합해 억압의 역사를 직시하게 해준다."는 이유로 노벨문학상을 받았다.

제로 형제의 시련

윌레 소잉카(1934년~, 나이지리아, 1986년 수상)

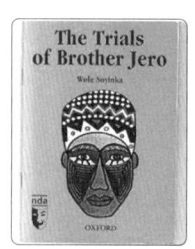

〈해설자〉 등으로 아프리카인 최초로 노벨문학상을 받았다. 희곡, 시, 소설, 자서전, 에세이 등 다양한 장르에서 글을 썼다. 가장 왕성하게 창작한 영역은 희곡이다. 나이지리아의 요루바 민족에 속하며 아버지는 기독교 목사이자 초등학교 교장이었다. 토착 종교를 바탕으로 신화, 전설, 찬양시 등 풍부한 구비문학을 어려서부터 접했다.

소잉카는 나이지리아가 영국 식민지인 시대에 자랐기에 동시에 서구식 교육을 받아 영문학 전통에도 익숙하다. 런던대학교 분교로 나이지리아에 설립된 이바단대학을 졸업하고 영국 리즈대학교로 유학을 떠나 영문학을 전공했다. 졸업 후 소잉카는 런던의 로열코트 극장에서 배우 겸 감독으로 활동했다.

1960년 나이지리아가 영국으로부터 독립할 무렵 귀국한 뒤 극단을 조직해 본격적으로 정치적인 연극을 공연하였다. 〈제로 형제의 시련〉은 이 시기에 발표된 작품이다. 소잉카는 혼란에 휩싸인 신생 독립국 나이지리아 정치 상황에 비판적 목소리를 많이 냈고 반정부 활동으로 1960년대 후반엔 22개월을 감옥에 갇히기도 했다. 1994~1998년 미국과 프랑스 등에서 망명자로 살다가 민정(民政)이 회복되자 귀국했다.

무대가 완전히 어둡다. 한 줄기 스포트라이트가 선지자(the PROPHET)를 드러낸다. 그는 무성하지만 깔끔하게 다듬어진 턱수염이 있으며, 숱이 많고 부풀려진 머리 모양을 하고 있으나, 그의 머리는 대개 선지자들과 달리 잘 빗겨져 있다. 삼베 행낭을 메고 목장을 들고 있다. 그는 자신에게 익숙한 거만한 태도로 관객에게 직접 말한다.

> *"나는 선지자입니다. 선지자로 태어났으며 기질도 그러하지요. 여러분은 아마 우리 같은 이들을 거리에서, 교회에서, 내륙에서, 해안에서, 예배를 주도하는 모습에서, 주도할 예배를 찾는 모습에서, 귀머거리를 치유하는 모습에서, 죽은 자를 살리는 모습에서 많이 보았을 것입니다."*

이렇게 제로(제로보암)가 등장하여 관객에게 자신을 소개한다. 해변에서 교회를 운영하는 그는 신도를 손님이라 여기고, 사제직을 생업이나 장사로 받아들이는 사이비 목사다.

제로의 열렬한 신도인 추메는 아내 아모페를 제로의 집 앞으로 데려다준다. 이 집이 제로의 집인 것을 추메는 모른다. 아모페가 제로의 집 앞에서 버티는 까닭은 물건값을 치르지 않은 제로에게서 돈을 받아내기 위해서다. 추메가 무대에서 퇴장하고 등장한 제로는 돈이 없다며 아모페를 떼어버리려고 하지만, 아모페는 물러서지 않는다. 제로는 집에서 몰래 빠져나와 해변에 있는 자신의 교회로 도망친다.

교회에서 추메는 제로에게 아내를 때리는 것을 허락해 달라고 간청한다. 아내를 때림으로써 불만을 해소한 추메가 다시 교회를 찾지 않으리라고 걱정해 제로가 처음에는 추메의 아내 구타를 허락하지 않는다. 추메의 아내가 외상값을 받으러 온 아모페임을 알게 된 뒤에는 제로가 추메에게 구타를 허락한다. 아모페를 자신의 집 앞에서 쫓아낼 목적에서 제로는 추메에게 집으로 데려가서 아내를 두들거 패라고 말한다.

구타 허락을 받은 추메는 제로의 집 앞에 있는 아모페를 그들의 집으로 데려가려 한다. 수금하기 전에는 한 발자국도 움직일 수 없다는 아모페와 추메 사이에 실랑이가 벌어진다. 언쟁 중에 물건값을 치르지 않은 사람이 제로라는 사실을 알게 된 추메는 제로에 분노하며 그를 찾아 나선다. 그사이 해변에서 연설을 연습하던 의원이 제로에 현혹돼 신자가 된다. 이때 추메가 단검을 들고 나타나 제로를 찌르려고 한다. 간신히 달아난 제로는 의원의 권력을 이용하여 추메를 정신병자 수용소에 가둘 계획을 세우고 의원은 제로를 "주인님!"이라 부르며 추앙한다.

전체 5막으로 구성된 이 연극은 제로보암의 독백과 그가 연관된 비교적 단순한 사건으로 무대를 꾸민 희극이다. 제로 형제로 불리는 주인공 제로보암은 연극이 시작하자마자 자신이 탐욕스러운 사이비 목회자라는 사실을 고백한다. 그러나 신도들 사이에서는 경건한 선지자로 알려져 있고 그렇게 행세한다.

극이 전개되며 제로의 실체가 드러나고 그의 심복인 추메가 분노하여 그를 응징하려는 순간 관객은 제로의 몰락을 예상한다. 그러나 정치권력을 끌어들여 추메를 정신병자로 몰아 가두는 것으로 제로가 위기에서 탈출한다. 제로의 관점에서 해피엔딩이기에 전통적인 분류법으론 희극이 되는 셈이다. 흔히 말하는 블랙 코미디에도 해당한다.

작가는 이 풍자극을 통해 신생 독립국 나이지리아의 암담한 현실을 고발한다. 나라가 영국의 식민통치에서 벗어나 독립하였지만 세상이 나아지지는 않았다. 부정부패와 탐욕이 활개를 치고 해외의 식민주의자를 대신해 새로 권력을 잡은 내부인은 더한 폭정을 일삼는다. 제국주의의 억압과 착취가 사라지면 번영된 독립국가를 이룰 것이라는 희망과 달리 나이지리아는 쿠데타, 저개발, 빈곤, 내전 등에 시달린다. 이른바 신식민주의로 불리는 시대의 모습이다.

- 작가는 왜 주인공의 이름을 성서의 인물인 '제로보암'으로 했을까?
- 이 희곡에서 제로의 실체를 나중에 밝히지 않고 처음부터 관객에게 공개한 이유는 무엇일까?

민중을 사기 쳐서 호의호식하는 사이비 목회자의 모습과 정치권력과 유착해 자신을 고발한 신도를 정신병자로 만들어 가둬버리는 결말에서 나이지리아 관객은 자신들의 현실을 떠올리며 크게 공감했을 것이다. 이 작품은 1960년 3월에 나이지리아에서 초연되었다. 되도록 많은 나이지리아인이 공감하도록 이해하기 쉽게 희곡을 구성했다. 나이지리아가 아닌 세계 어디이든 또 현시점에도 공감이 가능한 내용이다.

제로의 호칭으로 사용된 '형제(Brother)'는 일반적인 목사의 호칭이 아니다. 나이지리아를 포함한 일부 아프리카 국가에서 또 소규모 복음주의나 오순절 교회에서 목회자를 '형제'로 부르기도 한다. 신앙 공동체 내에서 목회자를 다른 신도들과 동등한 위치로 보이게 하려는 평등의 장치이다. 이 작품에서 '형제'를 호칭으로 쓴 까닭은 제로의 위선을 더 부각하려는 의도다.

제로보암은 한글 성서의 여로보암(Jeroboam)과 같은 의미이며 솔로몬의 통일왕국에 이어 남북으로 분열한 북이스라엘 왕국의 초대 국왕이다.

전차를 모는 기수들

패트릭 화이트(1912~1990년, 오스트레일리아 · 1973년 수상)

오스트레일리아를 대표하고 오스트레일리아인의 정체성을 고민한 작가이지만, 태어난 곳은 영국 런던이었다. 부모는 오스트레일리아에 정착한 영국인 이민 2세대로 대저택과 방대한 목장을 소유한 부유층이었고 결혼 후 장기간의 유럽 신혼여행을 떠났다가 패트릭을 낳았다.

부모와 함께 귀국하여 시드니에서 자랐다. 케임브리지 대학교에 공부하러 다시 영국에 가는 등 영국과 오스트레일리아를 오가면서 교육을 받았다. 2차 대전이 일어나자 영국 군인으로 참전해 북아프리카와 중동, 그리스 등에서 복무했다. 이후 유년기를 보낸 오스트레일리아에 정착해 13편의 장편소설과 많은 단편소설, 희곡, 영화 각본 등을 남겼다.

문학뿐 아니라 오스트레일리아의 여러 사회문제에 발언했다. 오스트레일리아 원주민을 뜻하는 '애버리지니' 인권에 평생 관심을 보이며 다방면으로 지지하는 활동을 했다. 동성애자로서 자신의 사생활을 솔직하게 고백하고 소수자 인권 보호에 목소리를 높였지만, 대중에 노출되는 것을 꺼려 노벨문학상 시상식에도 참석하지 않았다. 현재까지 오스트레일리아인으로 노벨문학상을 받은 유일한 작가다.

"저 여자가 누구였죠?" "아." 석든 부인이 대꾸하며 웃음을 터뜨렸다. "헤어 아가씨 말씀이 시구나." "사람이 좀 유별나 보이는데." 커훈 부인의 말에서는 조심스러운 기대감이 느껴졌다. "글쎄요." 석든 부인이 대답했다. "헤어 아가씨가 좀 남다르다는 건 부정할 수 없겠네요."

〈전차를 모는 기수들〉은 주인공인 메리 헤어에 관한 주변 사람들의 이러한 뒷담화로 시작한다. 유별나고, 남다르다는 완곡한 표현을 썼지만 이들의 속마음은 '미쳤다'다. 오스트레일리아의 땅에서 부모에게서 대저택을 물려받은 광인 메리는 인간관계에 서툴지만, 마찬가지로 유별나고 남다른 걸 부정할 수 없는 사람들과는 잘 소통하고 깊은 관계를 형성한다.

특별한 인간 실험의 계획에 따라 백인 목사가 입양한 앨프는 훌륭한 교육을 받지만 원주민인 '애버리지니'의 피가 섞인 탓에 사회적으로 소외된다. 백인 목사 가정에서 라틴어 동사 활용과 성서를 배웠어도 태생 때문에 앨프는 정상적인 사람대접을 받지 못한다.

홀로코스트에서 살아남아 이곳까지 흘러든 유대인 히멜파르프 또한 인간 이하의 대접을 받는다. 전쟁이 끝났는데도 유대인이라는 이유로 오스트레일리아에서도 박해를 받은 것이다. 유대계 독일인으로서 제1차 세계대전에 참전하고 학문적으로 탁월한 성취가 있는 저명한 학자이지만 나치 집권 이후엔 그저 한 명의 유대인일 뿐이었다. 가스실 문턱까지 갔다가 기적적으로 살아남은 후 종전과 함께 팔레스타인 이주의 기회를 얻는다. 그러나 히멜파르프는 새로운 이스라엘을 건설할 꿈에 부푼 유대인 사이에서도 낯섦과 회의를 느끼는 뼛속까지 이방인이다. 자신을 고독의 극한으로 몰아붙이며, 벼랑 끝에서 뛰어내리는 심정으로 오스트레일리아를 떠올린다. 세상의 끝처럼 여겨진 그곳으로 숨어든다. 그러나 그곳에서도 그는 유대인이었고, 유대인인 예수처럼 십자가 매달리는 수모를 당한다.

이밖에 쓰러져가는 오두막에 살며 여섯 딸을 키우는 가난한 여인 루스 등 그 존재만으로 주변의 '정상인' 사람들을 불편하게 만들고 내내 배척당하는 이들이 소설의 주인공들이다.

대저택이 허물어지고 광인 메리가 종적을 감추며 소설은 비극의 얼개를 취한다. 그러나 그런 비극 안에다 작가는 희망의 장치를 넣는다. 제목 '전차를 모는 기수들'(Riders in the Chariot)은 '불의 전차'를 몰고 승천한 구약성서의 선지자 엘리야를 직접 가리키는데, 엘리야처럼 메리 등이 세상의 핍박과 천대에도 불구하고 하나님의 사랑을 받는 존재라고 말하는 듯하다.

18세기 말 영국은 오스트레일리아를 새로운 유형지로 삼아 죄수들을 보냈다. 19세기 중반엔 금맥이 발견되면서 일확천금을 노리고 세계 각지에서 사람이 모여들었다. 그러자 유색인종의 유입을 막는 백호주의가 생겨 20세기 중반까지 이어졌다. 백호주의가 상징하듯 유색인종 차별은 오스트레일리아 내 원주민인 애버리지니에 대한 차별로 이어졌다. 백인이라고 다 대접받은 건 아니었다. 가난한 하층민 백인은 마찬가지로 소외의 대상이 됐다.

제임스 조이스, D. H. 로렌스, 버지니아 울프 등에 영향을 받은 작가는 이러한 오스트레일리아의 사회 현실에 눈감지 않았다. 물질주의를 비판하면서 사회적으로 소외된 사람과 비주류 인물의 내면을 탐구하였고, 종교적인 탐색을 이러한 작업에 결합하여 '위대한 호주의 공허함'에 일침을 가했다.

〈전차를 모는 기수들〉은 이러한 경향이 고스란히 이어진 작품으로 특히 구약성서 엘리야의 불의 전차를 가져다 모티프로 활용했다. 네 주인공은 이 전차의 말이자 기수로, 스스로 구원받으면서 동시에 전차를 몰아 구원하는 역할을 수행한다. 예언자로도 볼 수 있는 네 명의 이름에 작가가 하려는 말이 담겼다.

생각거리

- 네 주인공 이름의 뜻을 생각하며 소설을 읽어보자.
- 작가가 가난하고 약하며 힘없는 사람들의 희망을 말했다면 소설의 어디에서 찾을 수 있을까?

먼저 메리 헤어(Mary Hare)의 '메리'가 성모 마리아를 뜻하는 건 너무 뚜렷하다. 세상의 죄악과 무관한 존재가 광인 메리와 연결되며 토끼를 의미하는 '헤어'는 부활절 상징의 하나로 '메리'와 비슷한 기능을 한다. 모르데카이 히멜파르프(Mordecai Himmelfarb)의 '모르데카이'는 구약성서 에스더서에 등장하는 유대인 영웅 모르데카이에서 따온 이름이다. 성서에서 모르데카이는 페르시아 왕국에서 유대인 박해를 막아낸 인물이다. 히멜파르프는 독일어로 '하늘의 색'을 의미한다.

루스 고드볼드(Ruth Godbold)의 '루스'는 구약성서 룻기의 주인공으로 이방인이지만, 믿음과 헌신으로 하나님의 축복을 받는다. '고드볼드'는 'God+bold'로, 신 앞에서 담대한 사람이라는 의미로 받아들이면 된다. 앨프 더보(Alf Dubbo)는 다른 세 명보다 얼핏 종교성이 약해 보이지만, 꼭 그렇지만도 않다. '앨프'는 그리스어 '알파'와 유사한 발음으로 성서의 시작과 끝인 'Alpha and Omega'에 연결된다. '더보'는 원주민 정체성과 서구 기독교 문화 사이의 이중성을 상징하고 원주민 말로 '땅'을 뜻하기도 한다. 이중성을 극복하고 하나로 모은다고 해석할 수도 있겠다.

표 _ 출판연도별 수상작

No	출판연도	책 제목(국내 출판)	언어	원제
1	1894	정글북	영어	The Jungle Book
2	1896	쿠오 바디스	폴란드어	Quo Vadis
3	1897	지상의 양식	프랑스어	Les Nourritures terrestres
4	1904	장 크리스토프	프랑스어	Jean-Christophe
5	1913	피그말리온	영어	Pygmalion
6	1922	싯다르타	독일어	Siddhartha
7	1924	마의 산	독일어	Der Zauberberg
8	1930	내가 죽어 누워 있을 때	영어	As I Lay Dying
9	1933	아르세니예프의 인생	러시아어	Жизнь Арсеньева
10	1938	구토	프랑스어	La Nausée
11	1939	분노의 포도	영어	The Grapes of Wrath
12	1947	페스트	프랑스어	La Peste
13	1948	설국	일본어	雪国
14	1951	벌집	스페인어	La Colmena
15	1952	노인과 바다	영어	The old man and the sea
16	1952	고도를 기다리며	프랑스어	En attendant Godot
17	1956	오늘을 잡아라	영어	Seize the Day
18	1957	밤으로의 긴 여로	영어	Long Day's Journey into Night
19	1957	닥터 지바고	러시아어(이탈리아어로 첫 출간)	Доктор Живаго(IL DOTTOR ZIVAGO)
20	1959	양철북	독일어	Die Blechtrommel
21	1961	전차를 모는 기수들	영어	Riders in the Chariot
22	1967	만엔 원년의 풋볼	일본어	万延元年のフットボール
23	1967	미라마르	아랍어	ميرامار
24	1967	백년의 고독	스페인어	Cien años de soledad
25	1970	패널티킥 앞에 선 골키퍼의 불안	독일어	Die Angst des Tormanns beim Elfmeter
26	1971	자유 국가에서	영어	In a Free State
27	1972	원수들, 사랑 이야기	영어	Enemies, A Love Story

No	출판연도	책 제목(국내 출판)	언어	원제
28	1974	카타리나 블룸의 잃어버린 명예	독일어	Die verlorene Ehre der Katharina Blum oder: Wie Gewalt entstehen und wohin sie führen kann
29	1975	운명	헝가리어	Sorstalanság
30	1977	나는 훌리아 아주머니와 결혼했다	스페인어	La tía Julia y el escribidor
31	1978	어두운 상점들의 거리	프랑스어	Rue des boutiques obscures
32	1981	버스 정류장	중국어	车站
33	1983	남자의 자리	프랑스어	La place
34	1983	피아노 치는 여자	독일어	Die Klavierspielerin
35	1985	사탄탱고	헝가리어	Sátántangó
36	1985	전쟁은 여자의 얼굴을 하지 않았다	러시아어	У войны не женское лицо
37	1987	빌러비드	영어	Beloved
38	1990	철의 시대	영어	Age of Iron
39	1994	마음 짐승	독일어	Herztier
40	1994	낙원	영어	Paradise
41	1995	눈먼 자들의 도시	포르투칼어	Ensaio sobre a cegueira
42	1996	태고의 시간들	폴란드어	Prawiek i inne czasy
43	1997	황금 물고기	프랑스어	Poisson d'or
44	1998	제로 형제의 시련	영어	The Trials of Brother Jero
45	1998	내 이름은 빨강	터키어	Benim Adım Kırmızı
46	2000	아침 그리고 저녁	노르웨이어	Morgon og kveld
47	2005	나를 보내지 마	영어	Never let me go
48	2008	앨프리드와 에밀리	영어	Alfred & Emily
49	2009	개구리	중국어	蛙
50	2012	디어 라이프	영어	Dear Life
51	2014	소년이 온다	한국어	소년이 온다

MEMO

MEMO

노벨문학상 모두 읽기

지은이 | 안치용
펴낸곳 | 마인드큐브
펴낸이 | 이상용
책임편집 | 홍원규
디자인 | 너의오월

출판등록 | 제2018-000063호
이메일 | eclio21@naver.com
전화 | 031-945-8046
팩스 | 031-945-8047

초판 1쇄 발행 | 2025년 10월 20일
정가 | 18,000원

ISBN | 979-11-88434-96-1   03800